Anne Bacus

**Des tout-petits
aux adolescents**

TOUTES
LES QUESTIONS
AU PSY

•MARABOUT•

SOMMAIRE

INTRODUCTION

Tous les parents se posent des questions sur l'éducation qu'ils donnent à leurs enfants. Quelles limites mettre à leurs désirs d'exploration ? Comment leur annoncer que le Père Noël n'existe pas ? Faut-il leur donner de l'argent de poche ? Comment réagir s'ils mentent ? Et tant d'autres. Ces questionnements et ces remises en question sont très positifs : ils sont le signe que les parents veulent faire au mieux pour leurs enfants et souhaitent éviter les erreurs. De leur côté, tous les enfants traversent des périodes où ils sont moins « faciles » qu'à d'autres. Un jour, c'est l'aînée qui se met à avoir une peur bleue des araignées. Un autre jour, c'est le cadet qui se montre grognon, ou qui refuse le pot.

Ce livre s'adresse à tous les parents qui se posent des questions sur l'éducation, des questions simples sur des événements de tous les jours, et souhaitent avoir des éléments de réponse. Non pas pour suivre à la lettre ce qui est conseillé, mais pour mieux comprendre ce qui se joue pour l'enfant et affiner ainsi les choix éducatifs.

Chaque famille est unique, chaque enfant est différent. Vous ne trouverez donc pas dans ce livre des réponses en kit, « prêtes à l'emploi » et applicables à tous. Vous, parents, connaissez votre enfant mieux que quiconque. Vous êtes les mieux placés pour le comprendre, mais aussi ceux à qui c'est le plus difficile, étant les plus impliqués. Vous trouverez ici des pistes générales de réflexion, pour prendre un peu de recul : à vous d'en faire un cas particulier, en y ajoutant toute la particularité de votre enfant, et tout l'amour que vous avez pour lui.

Tous les chapitres de ce livre ne concernent pas vos enfants… ou pas encore. Les lire, c'est réfléchir de manière préventive. Anticiper une difficulté, c'est souvent se donner la possibilité de l'éviter. Au fil des lignes, vous trouverez une manière de réfléchir, de vous interroger, de mieux comprendre les enfants, qui confortera vos compétences de parents et facilitera le dialogue.

La plupart des chapitres de ce livre sont repris d'articles parus dans le magazine *Femme Actuelle* sous la rubrique « Votre enfant et vous ». C'est pourquoi je m'y adresse principalement aux femmes, aux mères. Les pères ne sont, évidemment, nullement exclus de ma pensée et l'importance de leur rôle y est souvent soulignée. C'est pour moi une évidence : l'éducation d'un enfant est l'affaire de ses deux parents.

Bien sûr, ce livre ne répond pas à toutes vos questions. Les psychologues sont là pour discuter avec vous. N'hésitez pas à les consulter. Il est fréquent qu'une seule séance suffise à rassurer ou à débloquer une situation.

Traverser en douceur le baby-blues

Ouf, enfin vous n'êtes plus enceinte ! Fini ce ventre énorme, cette difficulté à marcher, à digérer, à dormir, cet essoufflement permanent… L'accouchement s'est bien passé et vous êtes rentrée chez vous, votre bébé dans vos bras. Vous « devriez » vous sentir rayonnante, pleine de confiance et de dynamisme. Pourtant, au milieu d'instants de vrai bonheur, vous vous sentez perdue, anxieuse, incompétente, seule. Au lieu d'être heureuse, vous pleurez sans arrêt. Que se passe-t-il ? Les spécialistes nomment ce moment de dépression qui suit l'accouchement « le blues du post-partum ».

Les raisons de la dépression

– L'énorme changement physique, moral et hormonal que vous avez subi après l'accouchement suffirait à lui seul à expliquer ce nécessaire moment d'ajustement. Comme après un événement très attendu, porteur de tension et d'excitation, il y a un état de choc et un sentiment de vide. Chacun a eu l'occasion d'expérimenter cela une fois ou l'autre.
– Comme toute transition brusque, le passage de l'état de femme enceinte à celui de maman est délicat. Vous y gagnez, bien sûr : ce merveilleux bébé, vous l'avez voulu, vous l'avez attendu, et – ô merveille – il est là, entier, magnifique. Mais

vous perdez aussi, ce qui était moins prévu. Quoi ? D'être le centre du monde, celle que l'on choie et que l'on entoure (maintenant c'est votre bébé qui attire les sunlights) ; les tête-à-tête avec votre conjoint, les nuits complètes, les loisirs, etc.

– La réalité est plutôt décevante, comparée aux rêves que vous avez portés en vous si longtemps. Votre bébé ne ressemble pas à ceux de la publicité : il pleure beaucoup, il semble avoir toujours faim, il appelle la nuit et dort le jour. Il est minuscule, mais il vous dévore entièrement. Quant à vous, où est passée la mère parfaite, joyeuse et patiente que vous vous promettiez d'être ? Vous vous dites que n'importe laquelle de vos copines s'en sortirait mieux que vous… et vous fondez en larmes.

– La fatigue joue un rôle déterminant. Accouchement, rythme de la maternité, visites, manque de sommeil… Comme vous êtes épuisée, chaque tâche prend des proportions plus grandes : faire vous fatigue, ne pas faire vous angoisse. Arrivent alors le stress, le découragement, l'exaspération… et la culpabilité.

Que faire ?

Ce moment de blues dure en général entre deux ou trois jours et deux ou trois semaines. Cela dépend des femmes, de leur état physique et émotionnel, de l'aide et du soutien dont chacune dispose. Alors, en attendant que cela passe, comment réagir ?

– Savoir que ce sentiment de blues existe suffit souvent à se rassurer et à prendre patience. Ne pas rester isolée et oser dire ce que l'on ressent est très libérateur : alors, donnez-vous le droit de pleurer devant votre propre mère ou bien téléphonez à votre meilleure copine pour lui raconter vos misères.

– C'est le moment ou jamais de vous faire aider. Une voisine peut acheter votre pain en même temps que le sien, votre conjoint peut s'occuper des repas, une femme de ménage peut venir nettoyer à votre place, etc. Si vous avez trop de visites, limitez-vous aux gens à qui vous pouvez dire : « Et si vous ameniez à dîner ? », ou : « Pendant que tu es là, peux-tu étendre le linge ? » Pas de culpabilité : vous faites cela pour votre bébé.

– Ce temps dégagé, prenez-le pour vous et pour votre bébé. Vous découvrirez vite l'importance de vous reposer chaque fois que votre bébé dort et de faire des siestes. Vous savourerez la douceur merveilleuse de se laisser aller, détendue, son bébé endormi au creux du bras…

– En plus de cela, il est important pour votre moral de vous accorder chaque jour un moment de détente personnelle : prendre un bain, lire une revue, reprendre une activité physique, téléphoner à une copine… Même si cette période est très prenante, ne la vivez pas comme si vous étiez coupée du monde ni de tout ce qui faisait votre plaisir.

– Le papa peut se sentir perturbé et avoir aussi besoin d'un temps d'adaptation à sa nouvelle famille. Expliquez-lui que son rôle, ces premières semaines, consiste essentiellement à prendre soin de vous (et de la maison) pour que vous puissiez prendre soin du bébé. C'est parce qu'il vous soutient et s'occupe de tout le « reste » que vous pouvez trouver en vous la sérénité et la confiance dans votre nouveau rôle. C'est l'essentiel… même s'il peut aussi, avec compétence et bonheur, vous seconder en jouant les « papa-poule » !

Le blues du post-partum peut être sérieux et durer plusieurs mois. Si la dépression est sévère, la maman peut avoir des difficultés à s'occuper de son bébé et ne plus pouvoir faire face au quotidien. Dans ce cas, il ne faut surtout pas s'en cacher ou se renfermer, mais plutôt aller consulter un médecin qui saura écouter, conseiller et aider.

Faut-il garder bébé dans votre chambre ?

Cela commence par neuf mois d'intimité totale. Dans les dernières semaines précédant la naissance, la mère ressent tout de son bébé : lorsqu'il dort, lorsqu'il se retourne, lorsqu'il a le hoquet. Après quelques jours de complicité à la maternité, on ramène enfin à la maison son beau bébé tout neuf. On rêve de le voir dans son joli couffin, dans son berceau amoureusement décoré. Et même si on a préparé une petite chambre pour lui, ou une place dans la chambre de l'aîné, on se sent plus rassurée, on trouve plus confortable de l'installer dans sa propre chambre, à côté de son lit. Normal : on vient juste de faire connaissance, on n'a pas envie de déjà se séparer.

La maman allaite ? Rien de plus simple, la nuit, que de glisser bébé directement dans son propre lit dès qu'il manifeste sa faim et de l'installer au sein sans même avoir à se lever. Bébé prend des biberons ? C'est aussi au creux du grand lit bien chaud qu'il est doux de se blottir l'un contre l'autre, papa tout à côté, quand il faut faire face à une petite faim de trois heures du matin. Bébé se rendort ? On le glisse délicatement dans son couffin… et on fait comme lui.

Très bien. Mais jusqu'à quand ? Dans les premiers mois, tant que bébé ne « fait » pas ses nuits, aucun problème. Certains aiment avoir leur bébé près d'eux. D'autres constatent qu'ils dorment mieux, et leur bébé aussi, s'ils se séparent la nuit. À chaque parent de choisir la solution qui lui semble la plus naturelle, celle qui lui convient le mieux. Passé ce délai, il est important de trouver dans la maison un coin aménagé pour le bébé, où il pourra dormir au calme et en toute sécurité. Les parents ont besoin de retrouver une intimité ; le bébé, d'apprendre à dormir toute la nuit, ce qui sera beaucoup plus difficile s'il reste dans la chambre.

Il peut exister plusieurs raisons de garder son bébé près de soi. Certaines mères ne sont apaisées qu'en sentant le souffle léger et tiède de leur bébé tout près d'elle. Qu'il soit dans une autre pièce, et les voilà inquiètes, allant à tout moment voir s'il respire bien. On craint aussi parfois que, mis dans la chambre d'un aîné, le bébé ne le réveille la nuit : en fait, l'enfant s'habitue très vite à entendre pleurer son petit frère ou sa petite sœur et cesse rapidement d'en être gêné. L'aîné préfère souvent avoir le bébé avec lui, à égalité, plutôt que de le savoir privilégié dans le lit de maman… D'autres parents, enfin, gardent le bébé avec eux parce qu'ils ne disposent pas d'une autre chambre où le mettre. Si vraiment les parents doivent, pour une question de place, partager durablement leur chambre, il est alors nécessaire d'aménager pour bébé un coin séparé du reste de la chambre par un paravent.

Il ne s'agit pas pour autant de tomber dans l'excès inverse : on voit parfois des bébés très jeunes isolés à l'autre bout de l'appartement, dans une chambre jolie, mais silencieuse et coupée de la vie. Le bébé, habitué au bruit de fond dans le ventre maternel, peut tout naturellement s'endormir dans la pièce où la famille se tient, ou bien dans sa chambre, porte ouverte : il se rassure des bruits familiers. Cette dernière solution est sans conteste la meilleure pour prévenir les troubles du sommeil : le bébé apprend à s'endormir seul, dans son lit, dans son petit coin à lui. S'il se réveille la nuit, il ne sera pas étonné de se trouver là et saura comment faire pour se rendormir.

Une mode, qui nous vient des États-Unis, consiste à acheter des lits immenses et à y dormir en famille, parents et enfants réunis, pendant plusieurs années jusqu'à ce que l'enfant en décide autrement (on appelle cela le *family bed*). La plupart des psychologues mettent en garde contre les risques de cette pratique, à la fois pour l'équilibre du couple parental, qui doit vivre autrement sa sexualité ou bien y renoncer, et pour le bon développement psychique des enfants. Mal situés, ceux-ci peuvent avoir des difficultés à accéder à l'autonomie affective et être mis en danger dans leur équilibre intérieur.

Il est vrai que dans certains pays (et autrefois en France), il est habituel pour l'enfant de partager le lit de sa mère jusqu'à son sevrage, parfois tardif. Mais ces pratiques ne font plus partie de notre culture. Garder son bébé avec soi, c'est prendre un risque. Une question se pose alors : qui, de la mère ou de l'enfant, a le plus besoin de l'autre ? Offrir à son bébé de quelques mois la possibilité de dormir, heureux et à quelque distance de sa maman, c'est déjà lui faire confiance. Élever un enfant, n'est-ce pas aussi, tout du long, lui apprendre progressivement à se passer de nous ?

Oui aux câlins du matin !

Le lit des parents est le lieu secret de leur intimité. C'est dans l'acceptation de ce fait que l'enfant grandira en confiance et s'épanouira. Mais rien n'interdit, au contraire, que le lit parental soit, au matin, le lieu des retrouvailles, des premiers câlins avec ses enfants et des fous rires en famille !

S'il pleure, faut-il prendre bébé dans ses bras ?

Les nouveau-nés ont peu de moyens pour exprimer ce qu'ils ressentent, et parmi ceux-là, le cri est privilégié. Tant qu'il est dans le ventre de sa maman, le bébé n'a ni faim ni froid, ni fesses sales ni besoin de câlin. Tous ses besoins sont comblés : c'est le paradis de la fusion. Une fois dehors, tout change, devient plus compliqué. Incapable de subvenir à ses propres besoins comme d'assurer sa survie, le bébé crie, réflexe salvateur – et insupportable ! – auquel les parents vont répondre de leur mieux.

À quoi servent les pleurs ?

Ils sont d'abord le premier moyen de communication dont dispose l'enfant. C'est le niveau de base de la parole et de l'échange. Je me sens mal, je crie, maman accourt, me parle : « Qu'est-ce qu'il y a, mon bébé, ça ne va pas ? » « Je me sens déjà mieux, je me calme. Mais elle ne comprend pas que j'ai faim. Je crie à nouveau. Cette fois elle comprend et me met au sein. Je me calme pour de bon. Décidément, cette maman-là me comprend bien, je sens que nous allons nous entendre… »

En criant, le bébé exprime vigoureusement son désir de vivre. C'est bon signe. Ce qu'il veut ? Principalement de la nourriture, de la chaleur et de l'amour. Vous n'arrivez pas à distinguer les pleurs de votre nouveau-né ? Normal, lui non plus. Il lui faut quelques semaines avant d'interpréter correctement le malaise qui est le sien et de trouver le moyen le plus précis de l'exprimer. Peu à peu, au fil des semaines, le dialogue va s'affiner et les pleurs se différencier, permettant aux parents d'apporter plus facilement la réponse appropriée. Il y aura les pleurs de faim, de fatigue, de douleur, de besoin d'être pris dans les bras, de solitude, etc. Chaque enfant va développer son propre langage, que les parents vont apprendre. La confiance réciproque va venir se nicher là, dans ce tout premier dialogue, où le bébé réclame et où l'adulte répond, avec des mots et avec des actes. L'enfant se sent entendu, respecté : la relation peut s'épanouir.

Faut-il répondre aux cris du bébé ?

On comprend bien dès lors pourquoi il faut aller rapidement voir son bébé lorsqu'il pleure, tenter de comprendre ce qu'il exprime et lui répondre. Ne le feriez-vous pas avec un enfant plus grand, ou avec un ami ? Il faut répondre au bébé qui crie pour plusieurs raisons :

— Parce que crier, c'est communiquer. Répondre à l'enfant, c'est l'ouvrir au dialogue, à la parole qui humanise, et le reconnaître en tant que personne.

— Parce que lui répondre réconforte le bébé, qui, avec le temps, se sentant compris, pleure moins et apprend à patienter davantage.

— Parce que l'on se sent mieux lorsque l'on agit. La mère, reliée à son bébé par un « cordon ombilical sonore », est biologiquement programmée pour lui répondre. Rien de pire pour le moral que de rester inactive en subissant les assauts furieux de son bébé. Agir n'est plus subir, et cela permet, dans une certaine mesure, d'éviter la culpabilité : « J'ai tout essayé pour le calmer ; peut-être qu'après tout, il a seulement envie de pleurer un moment… »

— Parce qu'il arrive souvent que les parents trouvent des solutions « qui marchent ». Par exemple, nourrir un bébé qui a faim en est une. Mais si aucune des réponses « classiques » ne fait cesser les cris, on peut en inventer. Les parents font preuve d'une grande imagination pour tenter de distraire un bébé de ses larmes !

Contrairement à ce qui a été dit, répondre à son bébé ne le rend pas capricieux. Au contraire, en le rassurant sur ce monde qui l'accueille, on lui donne confiance en lui et le rend plus autonome.

Faut-il le prendre dans ses bras ?

Ce n'est pas pour autant qu'il faille prendre systématiquement dans ses bras un bébé qui pleure. Répondre peut se faire de beaucoup de façons. Certains cris ont pour fonction de vider un trop-plein d'énergie ou de tension intérieure : ils sont nécessaires à la détente de l'enfant, permettant ainsi son endormissement. L'enfant pleure « pour rien » : il fait le vide, ou bien il exerce ses poumons et se sent mieux après. Le rassurer de la voix, lui caresser doucement la tête ou le dos, lui chanter une berceuse, puis le laisser tranquille : voilà certainement, dans ce cas, des solutions plus appropriées.

Vous avez « tout » essayé, mais il continue à pleurer

Voici quelques « trucs » de mamans :
- Installez le siège-bébé face au hublot du lave-linge. Mouvement, ronronnement et chaleur font merveille.
- Glissez sous son ventre une serviette chaude.
- Laissez un robinet goutter doucement.
- Emmenez-le faire un tour en voiture.
- Tapotez doucement ses fesses, en rythme.
- Faites-lui entendre du Chopin.

(Extrait de *Bébé pleure, que faire ?*, Anne Bacus, Marabout.)

Et puis le nouveau-né grandit. Vers trois mois, il peut commencer à trouver, seul, les moyens de se calmer, en suçant son doigt ou son poing, en caressant un petit mouchoir ayant l'odeur de maman, etc. Ici encore, la voix de la personne aimée peut soutenir l'enfant dans ses efforts sans que les bras soient toujours nécessaires. Un délai entre l'appel et la réponse devient possible. Prendre son bébé contre soi au moindre cri, passé les premiers mois de la vie, finirait par devenir une habitude dont l'enfant aurait du mal à se priver. Lui faire confiance pour apprendre à se calmer et à s'endormir seul est une des meilleures préventions des troubles du sommeil.

Pourquoi tous les enfants n'évoluent-ils pas au même rythme ?

Les mamans parlent entre elles et comparent leurs enfants. « Comment, Martin a quinze mois et ne marche pas encore ? Valère galopait déjà à un an ! » Inquiétude d'un côté, fierté de l'autre, aussi mal venues l'une que l'autre. Puis c'est la belle-mère qui glisse que ses enfants, eux, « étaient tous propres à l'âge de dix-huit mois ». À la crèche, au square, les occasions sont nombreuses de regarder où en sont les autres bambins. Que fait-il penser des écarts que l'on constate ?

Les causes de ces écarts sont nombreuses, à tel point que c'est l'uniformité du développement qui serait étonnante.

– Nous avons tous des gènes différents. Même au sein de la famille, tous les enfants ne sont pas identiques. On trouve normal que l'un soit plus petit ou plus brun, pourquoi pas qu'il marche plus tard ? De plus, toute famille a sa culture et favorise plus ou moins certaines acquisitions : les enfants « d'intellectuels » auront tendance à parler plus tôt, parce que les mots sont très valorisés dans leur environnement. Si papa est peintre ou si maman est informaticienne, c'est probablement dans ces domaines-là que l'enfant distancera ses camarades.

– Toute nouvelle acquisition demande à l'enfant un investissement important. S'il est occupé à apprendre à se tenir debout, il ne l'est pas à manger proprement. S'il apprend le tricycle, il ne soucie peut-être pas d'être propre. Tous apprendront tout, mais certainement pas dans le même ordre.

– D'un apprentissage, on ne voit que le résultat final. Or, celui-ci a souvent demandé des mois de « préparation » : il couvait à bas bruits. Soyons respectueux de ce travail souterrain et faisons confiance à nos enfants. Certains manifestent très tôt qu'ils commencent à savoir quand d'autres attendent d'être fin prêts avant de partager leurs exploits.

– On juge toujours l'avancée d'un enfant sur les mêmes critères « visibles » (marche, propreté, parole), alors que les petits apprennent dans tous les domaines en même temps : relationnel, intellectuel, moteur, psychologique, etc. Ils ne peuvent être aussi « performants » partout ! Tous progressent à leur façon : laissons-leur du temps.

Les petits retards ou les avances ne présagent rien quant à l'avenir

Ce n'est pas parce que Justine a marché à dix mois qu'elle fera une bonne marcheuse, ni parce que Louis refait son puzzle à dix-huit mois qu'il deviendra un grand architecte. Les petites avances ne sont pas prédictives du génie ni les petits retards d'une quelconque anomalie. Pour mémoire, rappelez-vous qu'Einstein n'a parlé qu'à quatre ans. En général, vers cinq ou six ans, tous les enfants courent, racontent des histoires, ont abandonné les couches et dessinent des bonshommes… Ils se sont tous rattrapés.

Alors, pourquoi tant s'inquiéter ?

Nous évoluons dans une société très compétitive. Chacun sent bien qu'il lui faut être efficace, compétent, rapide, sous peine de se retrouver tout seul sur le bord de la route. D'un enfant précoce, on se dit qu'il prend une longueur d'avance : c'est bon signe. C'est oublier que le respect du rythme de l'enfant est le meilleur gage de son équilibre et de sa réussite ultérieure. C'est à chacun de nous, là où il est, de résister et de protéger les petits enfants de cette pression, source d'angoisse et de sentiment d'échec. Ils ont bien le temps d'entrer en compétition ! Pour le moment, ils sont uniques, et c'est là leur principale richesse.

Quelle est la bonne attitude ?

Les enfants sont tellement différents que comparer, c'est forcément se tromper. Les grandes variations que l'on constate entre eux sont normales. Vous avez un doute ? Parlez-en à votre médecin. Presque toujours, il vous conseillera de patienter tranquillement. Votre enfant ira vers sa prochaine acquisition à son rythme propre, comme il en aura « décidé ». Toute insistance risque de le bloquer inutilement. La croissance des enfants est progressive. Il n'y a rien à réglementer autoritairement, sauf à prendre le risque de blesser l'enfant, en lui faisant sentir si jeune qu'il inquiète ou déçoit déjà ses parents.

Chaque étape a ses joies et ses désagréments. Profitez bien de celle qui est là : elle ne reviendra jamais !

Ne confondez pas l'enfant « moyen » (celui dont on parle dans les livres) et l'enfant normal (c'est-à-dire l'enfant tel qu'il est). Si un an est un âge moyen pour la marche (on dit alors que « l'enfant moyen marche à un an »), il est tout aussi « normal » de marcher à neuf mois qu'à seize. L'âge moyen d'une acquisition est calculé comme une moyenne : ce qui signifie que la moitié des enfants « normaux » acquièrent cette compétence plus tôt et l'autre moitié plus tard.

Bébé rentre à la crèche

Vous avez fait tout ce qu'il fallait, suivi le parcours du combattant, et cette fois ça y est : vous avez une place à la crèche pour votre bébé. Cette légitime satisfaction est vite suivie d'une inquiétude : « Mon enfant ne va-t-il pas souffrir de cette séparation ? Sera-t-il heureux à la crèche ? » Certainement oui, avec un peu de temps et quelques conseils simples. L'âge de la séparation est important. Entre quatre et sept mois, l'enfant est sensible à l'absence de sa mère, qu'il considère encore comme partie intégrante de lui-même, mais son départ ne suscite pas d'inquiétudes particulières. L'attention doit porter sur la douceur de l'habituation et sur la nécessité de renouer chaque soir une relation complice et privilégiée. Vers huit ou neuf mois, le bébé traverse une période d'angoisse de séparation : il s'agrippe à sa mère. Toute séparation qui commence à cet âge doit se faire avec une attention et une ré-assurance toutes particulières. À partir d'un an, l'enfant sait que ses parents vont revenir le chercher le soir : il est donc moins inquiet, mais toujours apte à manifester son désaccord. L'adaptation sera plus facile pour celui qui aura déjà été séparé de sa mère que pour celui qui sort d'un tendre tête-à-tête…

Une séparation, cela se prépare. Il est préférable que la maman qui allaite évite de sevrer son bébé dans les jours qui précèdent l'entrée à la crèche. Perdre le sein, la maison et maman à la fois, rendrait les choses beaucoup plus difficiles. Même en se donnant deux semaines pour introduire les biberons, il est toujours possible de garder deux tétées, une le matin et une le soir, pendant encore quelque temps. Il n'est pas souhaitable non plus que l'entrée à la crèche soit la première séparation du bébé et de sa maman. Faire garder son bébé une heure ou un après-midi, par une grand-mère ou une baby-sitter de confiance, cela habitue l'enfant aux départs suivis de retours. Et le père ? Le laissez-vous prendre des initiatives lorsque vous quittez la maison ? Avez-vous confiance dans son aptitude à materner, ou bien préférez-vous avoir l'œil à tout ? Il va falloir apprendre à déléguer…

La douceur de l'adaptation

À quatre ou cinq mois, l'enfant n'a ni les moyens de comprendre sa nouvelle situation, ni ceux d'exprimer sa détresse. D'où la nécessité de l'adapter très progressivement à sa nouvelle vie. Cela implique de prendre le temps nécessaire pour rester à la crèche avec son bébé, pendant quelques jours, le temps pour lui d'élaborer des repères et de se familiariser. Les premiers temps de la séparation, le bébé fera des petites journées. Peu à peu, il apprendra à s'y retrouver dans deux cadres de vie et parmi les différentes personnes qui prendront soin de lui.

Protéger le sentiment de sécurité du bébé reste l'élément essentiel, qui fera qu'il ne souffrira pas de ces séparations quotidiennes. Cela se fait par petites touches :

– Le bébé est sensible aux odeurs : glisser dans son petit lit de crèche un foulard que sa maman a porté quelques jours lui rappellera sa présence.

– Emmener à la crèche quelques jouets, hochets ou peluches auxquels il est habitué aidera l'enfant à faire le lien entre la crèche et la maison.

– Ce lien sera encore renforcé si les parents prennent un petit moment, matin et soir, pour échanger avec le personnel les menues informations qui font le quotidien et le bien-être de l'enfant.

– Savoir dire au revoir à son bébé, après un petit câlin, tranquillement mais sans traîner, fait partie des signes qui le rassurent vraiment. Il ne faut pas oublier que l'anxiété du bébé fait souvent écho à celle de sa mère !

La plupart des enfants sont heureux à la crèche. Dans peu de temps, le vôtre s'y rendra avec joie. Surtout si vous n'oubliez jamais que le temps qu'il vous reste à passer ensemble doit être du temps disponible et de qualité. Alors, laissez tomber l'aspirateur ou les soucis professionnels, détendez-vous, et faites du temps partagé de riches moments d'échange et d'amour.

Respecter ses petites habitudes

En prévision du premier jour de crèche, préparez une liste destinée à son auxiliaire de référence. Vous y noterez tout ce qu'il est, à votre avis, important de savoir concernant le bien-être de votre bébé :

– ses habitudes de sommeil (position, durée, etc.) ;
– ses habitudes de repas (heures, quantité, etc.) ;
– ses rythmes, ses joies, ses déplaisirs, son caractère ;
– ses petits troubles, ses fragilités, ses maladies.

(Extrait de *Votre enfant de 1 jour à 3 ans*, Anne Bacus, Marabout.)

Papa et maman sont différents… tant mieux !

Le bébé est malin comme tout, et cela, dès les premières semaines de sa vie. Il a déjà des aptitudes certaines pour le langage et les mathématiques… Mais là où il est le plus doué, c'est sans nul doute pour les rapports humains. Des recherches récentes ont bouleversé les conceptions que l'on avait sur l'attachement et les relations précoces que le bébé entretient avec ses parents.

Une maman, c'est primordial…

Pour un bébé, s'attacher à ses semblables est aussi vital que manger. Ce n'est pas un apprentissage : c'est un besoin impérieux qui est là d'emblée. Sa survie en dépend. Bien évidemment, sa mère est en première ligne. Comme c'est elle, prioritairement, qui allaite, lange, berce et pouponne, elle est reconnue et aimée la première. C'est à elle qu'il revient de décoder les signaux de son bébé et d'y répondre de manière appropriée. Pleure-t-il d'ennui ou de fatigue ? Elle va apprendre à traduire. Pour un tout-petit, impossible de bien se développer sur le plan intellectuel ou physique s'il n'est pas heureux. Les études sont formelles : les bébés souvent pris dans les bras, qui se sentent aimés et entourés, se développent mieux que les autres. La maman disponible fait l'enfant curieux de tout. C'est l'amour qui pousse à agir, apprendre, découvrir et progresser.

Mais très vite, le bébé va partager regards, gazouillis, sourires, avec un autre dont l'importance va croître au fil du temps : le papa. On va le voir : son rôle est tout aussi important.

Les pères sont différents

Le père a un rôle spécifique à jouer, justement parce que son comportement est différent de celui de la mère. Il ne s'occupe pas de son enfant de la même façon, et c'est cela dont ce dernier a besoin. Le bébé distingue ses parents dès sa naissance, mais, vers six mois, il va faire une différence nette entre eux : maman arrive dans sa chambre ? Il se calme. C'est papa ? Il est en éveil, comme stimulé par la présence de son père. Tout son corps semble dire : « Chic, on va s'amuser ! »

C'est d'ailleurs bien ce qu'il se passe. C'est avec papa que l'on saute en l'air, qu'on joue au cheval ou qu'on se roule par terre. Avec maman, on fait un puzzle ou on regarde un livre. C'est prouvé : les pères préfèrent les jeux physiques avec leur bébé, quand on se touche, alors que les mères préfèrent les jeux visuels… et les gros câlins. Or, ces jeux corporels avec papa jouent un rôle non négligeable dans le développement de l'équilibre et l'aisance du corps.

Quand une maman prend son bébé dans ses bras, elle a une façon bien à elle de le tenir et elle le tiendra de cette façon neuf fois sur dix. Le papa lui, s'il prend son bébé dix fois, il le fera de neuf façons différentes : sur le bras droit, sur le bras gauche, sur l'épaule, sur la hanche, tenu entre les jambes ou à la taille, etc.

L'importance des papas

Ce que fait maman rassure ; ce que fait papa stimule. Maman protège son petit, papa l'aide à prendre son autonomie. C'est ainsi que l'on peut le plus simplement résumer ce qui les distingue. Et bébé a besoin des deux.

Prenons encore quelques exemples.

Le père laisse, davantage que la mère, son petit enfant s'éloigner hors de sa vue et va le laisser ramper bien plus loin avant de le rattraper. Passion pour le journal du soir ? Indifférence au danger ? Pas du tout : respect du désir d'explorer. Quand le petit est confronté à une situation délicate et nouvelle pour lui, la mère se rapproche de lui, visant à le rassurer. Dans le même cas, le père, lui, reste en retrait et laisse l'enfant se débrouiller tout seul. Il intervient aussi moins souvent dans les activités de l'enfant et dans ses jeux pour effectuer les tâches à sa place. Simple négligence ? Non plus : incitation à grandir et à faire face aux situations.

Bébé gazouille ou baragouine. Comme maman le comprend très bien comme cela, il ne fait avec elle aucun effort de langage. Mais papa, lui, moins familier du « petit langage » de son enfant, l'oblige à mieux s'exprimer s'il veut se faire comprendre. Résultat : bébé fait avec papa des efforts et des progrès qu'il ne ferait pas autrement.

Une vie en « stéréo »…

Ces différences nombreuses et spontanées dans les attitudes des parents offrent au bébé équilibre et enrichissement. Il n'y a pas une manière de se comporter avec l'enfant qui soit meilleure que l'autre : les deux contribuent à son épanouissement. Si le père participe à l'éducation, le bébé semble pousser plus fort, plus malin, et mieux contrôler son impulsivité. Il pleure moins lorsqu'il est séparé de ses parents

---

Et les pères au foyer ?

Cette manière différente qu'ont les pères d'entrer en relation avec leur petit enfant et de s'occuper de lui se retrouve dans tous les milieux sociaux ou culturels. Elle se retrouve même chez les pères qui restent au foyer avec les enfants pendant que la mère travaille. Même si le père est celui qui prend le plus soin du bébé au quotidien, il ne le fait pas comme une mère. Et cette différence s'observe pendant toute la petite enfance.

ou mis en présence d'un étranger. Il explore davantage. Même des années plus tard, il semble mieux se développer intellectuellement. Il se contrôle mieux et montre une meilleure adaptation sociale.

Au fond, ce que fait le père, c'est inventer pour l'enfant un lien entre l'univers maternel, protecteur et rassurant, et le monde extérieur, attirant mais inquiétant. Maman sécurise et papa permet d'aller de l'avant : bébé a besoin des deux.

Pour que le bain soit un plaisir

Tous les petits bébés adorent le bain, paraît-il, et barbotent gaiement dans leur petite baignoire… sauf le vôtre. Dès que vous déshabillez Timothée, il commence par grimacer de mécontentement. Nu, il pleure. Plongé dans l'eau, il hurle franchement. Pourtant, comme tous les autres bébés, Timothée a passé les neuf premiers mois de sa vie dans le milieu liquide du ventre maternel. La sensation de l'eau sur sa peau lui est connue avant la naissance et on pourrait penser qu'il apprécie de la retrouver. Le premier bain de l'enfant donné parfois par la sage-femme en salle de travail le prouve : le bébé se détend, son visage s'épanouit…

Alors, que s'est-il passé pour que Timothée, à huit semaines, réagisse aussi mal ? Il semble bien que, pour le bébé, une seule expérience désagréable suffise à lui faire craindre le bain. A-t-il eu un jour du savon dans les yeux ? Un bain a-t-il été donné, à la maternité, par une auxiliaire trop brusque, ou dans une eau trop froide ? Le bébé a-t-il ressenti un sentiment d'insécurité parce qu'il n'était pas bien soutenu ? Pour une raison ou une autre, le nouveau-né a associé bain et expérience désagréable. Depuis, il pleure.

Que faire ?

La première mesure d'urgence consiste à arrêter provisoirement de donner le bain au bébé. Puis il faut agir de manière progressive, patiente et douce, pour réconcilier l'enfant avec l'eau et lui faire redécouvrir la notion de jeu et de plaisir.

En attendant, vous pouvez procéder de la manière suivante : faites chauffer une grande serviette de toilette, enveloppez votre bébé nu dedans, et lavez-le doucement avec un gant bien chaud, sans le tremper entièrement dans l'eau. Il appréciera de rester tout ce temps dans vos bras. Pour plus de confort, vous pouvez vous asseoir à côté du lavabo, votre bébé sur les genoux.

Il faut savoir que certains nouveau-nés, particulièrement sensibles, ne supportent pas la nudité et plus exactement la sensation de l'air sur leur peau nue. Si votre bébé est dans ce cas, il appréciera que vous laviez d'abord le haut de son corps, puis le bas, sur la table à langer, sans jamais le mettre entièrement nu, et d'être toujours enveloppé de chaud.

Réapprendre le bain-plaisir

Voici maintenant quelques conseils pour réconcilier votre bébé avec le bain et faire de cette heure un moment vraiment privilégié.

— Tenez votre enfant fermement, afin de lui transmettre un sentiment d'aise et de sécurité.

— Remplacez le shampooing par un gant savonné. Et n'oubliez pas qu'une main pleine de savon est bien plus douce qu'un gant ou une éponge et glisse mieux dans les petits plis du corps du bébé.

— Procurez-vous un thermomètre de bain pour être sûre que l'eau est bien chaude et n'hésitez pas à brancher un chauffage d'appoint.

— Essayez de laver votre bébé dans le lavabo, plutôt que dans la baignoire, une serviette ou un torchon posé au fond pour éviter les glissades.

— Attirez l'attention de votre bébé sur autre chose que son inconfort : collez des autocollants antidérapants de couleurs vives, ou bien laissez flotter quelques jouets multicolores à la surface de l'eau. Fasciné de les voir bouger autour de lui, il en oubliera vite ses craintes.

– Le bain fini, enveloppez votre bébé dans une serviette chaude… Un régal !

Il serait bien étonnant que le bain ne devienne pas bientôt un grand plaisir. En attendant, montrez le vôtre ! Donnez le bain gaiement, en bavardant avec votre bébé, en chantant pour lui. Cela enchantera votre bébé. Progressivement, vous prendrez confiance en vous et dans vos gestes, ce qui l'aidera à se sentir complètement à l'aise.

Le petit « plus »

Les bébés adorent qu'on achève de les sécher avec le sèche-cheveux. Une fois essuyé rapidement avec la serviette, étendez votre bébé sur la table à langer, puis passez doucement le sèche-cheveux un peu partout sur son corps, en insistant sur les petits plis et les éventuelles rougeurs. Réglez la température pour qu'il ait bien chaud sans être incommodé. Cela deviendra vite pour lui un grand plaisir !

C'est un lève-tôt. Que faire ?

La journée se déroulera mieux si elle commence pour chacun, parent comme enfant, dans la bonne humeur. Or, il est très désagréable d'être réveillé par des cris d'enfant à six heures du matin quand le réveil ne doit sonner qu'à sept heures et que cette heure-là fait toute la différence. Sans parler des dimanches où l'on donnerait cher pour faire une grasse matinée. Comment y parvenir ?

Parfois, l'enfant n'a pas assez dormi
Deux cas se présentent. Dans le premier, votre enfant n'a pas assez dormi (et vous non plus…) pour passer une journée en forme. La stratégie à mettre en place consiste à lui permettre de dormir davantage ou bien à lui apprendre à se rendormir sans votre aide. Elle sera différente selon l'âge de l'enfant, mais, dans tous les cas, n'espérez pas de miracles. Les progrès seront limités et très progressifs. S'il se réveillait à six heures, il ne passera pas à huit en l'espace d'une semaine, mais peut-être à six heures et demie, puis sept heures…

– Le réveil de l'enfant est souvent dû à la perception de la lumière du jour ou de bruit dans sa chambre (« C'est le matin, donc je me lève ! »). Dans ce cas, quelques aménagements simples (rideaux épais, par exemple) peuvent aider à régler le problème.

– Ne vous précipitez pas au premier appel. Attendez une dizaine de minutes avant d'aller dans sa chambre : parfois l'enfant se rendormira seul. Si vous y allez, chuchotez comme si c'était la nuit. Faites-lui comprendre qu'il n'est pas encore l'heure et qu'il n'est pas question de se lever maintenant.
– Si c'est lui qui vient dans votre chambre, soyez directe et ferme en lui disant de retourner dormir, que ce n'est pas l'heure. Parfois, le ton très ferme et convaincu des parents suffit. Si vous choisissez de l'accueillir dans votre lit, soyez consciente que la situation risque fort de se reproduire tous les jours. C'est parfois le prix d'un sommeil un peu prolongé.
– S'il s'agit d'un enfant plus grand, assurez-vous qu'il n'est pas réveillé par l'anxiété de ne pas se réveiller à temps (pour l'école, par exemple). Si oui, confiez-lui un réveil.

Et s'il a assez dormi ?

Vous le saurez à certains signes :
– s'il dort à peu près autant toutes les nuits, même pendant les vacances ;
– s'il se réveille en pleine forme ;
– s'il vit joyeux toute la journée ;
– s'il a toujours dormi moins que les autres.
Dans ce cas, votre but sera d'entraîner votre enfant à rester dans son lit ou dans sa chambre et à y jouer jusqu'à une heure raisonnable. N'espérez quand même pas qu'il puisse tenir jusqu'à dix heures du matin ! Le jour où il saura prendre ses céréales et aller les manger devant la télé, ce sera gagné…

Voici quelques idées pour l'aider à passer le temps

– Remplissez un grand sac de « joujoux du matin », auquel il n'a droit qu'à ce moment-là, et que vous glissez dans son lit en vous couchant.
– Renouvelez les jouets et ajoutez-y un paquet de cartes : cela peut occuper un petit un bon moment.
– Enregistrez-lui des histoires sur des cassettes réservées à

cet usage, qu'il pourra écouter seul sur son lecteur. Vous entendre lui parler sera pour lui un grand plaisir.

— Grignoter est l'une des activités favorites de l'enfant, et l'une des plus prenantes : déposez, le soir, à portée de sa main, un petit biberon de jus de fruit et quelques biscuits qu'il trouvera à son réveil.

— S'il est déjà sensible à la notion d'heure, installez une pendule au mur de sa chambre. Dites-lui qu'il ne doit pas vous réveiller (sauf problème grave) tant que la petite aiguille n'a pas atteint tel chiffre, que vous matérialisez par une gommette de couleur. Intéressez-le à l'exercice : chaque fois qu'il y parvient, marquez une croix qui lui donnera droit, au bout de cinq, puis de dix fois, à un petit cadeau.

Aucun de ces conseils n'a d'effets magiques. Les choses s'arrangeront doucement. Les petits sont du matin et les parents aimeraient bien les voir dormir davantage. Les adolescents sont du soir et les mêmes parents aimeraient bien les voir se lever plus tôt. Tout cela est donc une question d'âge… et de patience.

Et s'il avait faim ?

On croit souvent que c'est la faim qui réveille l'enfant. En réalité, à partir du moment où le bébé est passé à quatre repas, il n'a plus besoin, sauf exception, du biberon de nuit. Mais, une fois réveillé, il ressent certainement la faim, puisqu'il n'a pas mangé depuis la veille au soir. D'où l'intérêt d'avoir à portée de main (ou de lui fournir, puis de se recoucher), un petit encas qui l'occupera et l'aidera à patienter.

Comment le confier à une baby-sitter et partir tranquille ?

Tous les parents sont confrontés un jour à la nécessité de faire garder leur bébé ou leur enfant par une (ou un) baby-sitter. Obligations professionnelles ou sorties en amoureux, les occasions ne manquent pas. Pour ne pas se trouver pris au dépourvu, il est souhaitable d'avoir toujours sous la main une liste régulièrement mise à jour de jeunes gens ou de jeunes filles en qui vous avez toute confiance et qui peuvent vous dépanner.

Voyons comment s'y prendre pour laisser son enfant le cœur tranquille, sans inquiétudes excessives.

Choisir la baby-sitter

– Quelqu'un que vous connaissez déjà est toujours préférable : pensez aux grands enfants de vos amis et voisins, aux jeunes filles qui travaillent à la crèche, aux étudiants qui habitent dans votre immeuble, etc.

– Le bouche à oreille est un très bon moyen pour trouver une personne de confiance, quelqu'un qui vous sera chaudement recommandé par un « employeur » précédent. Livrez-vous à une enquête de voisinage.

– Si vous employez une baby-sitter inconnue, demandez-lui de passer vous voir dans les jours précédant votre sortie, afin de faire sa connaissance et de voir comment elle se comporte avec votre enfant.

— Dans votre choix, n'oubliez pas que le bon sens, la maturité et la gentillesse comptent autant que l'expérience.

— Essayez d'avoir chaque fois la même baby-sitter : votre enfant s'habituera à sa présence. Mais prévoyez toujours une ou deux autres personnes à appeler en cas d'indisponibilité !

Organiser son absence

— Achetez un petit carnet à usage des baby-sitters, que vous garderez en permanence près du téléphone. Dans la première partie, inscrivez les habitudes de votre enfant, ses peurs et ses petits plaisirs, ses jeux préférés, le déroulement du rituel du soir, s'il suit un traitement, etc. Sur les pages suivantes, inscrivez les numéros de téléphone du médecin habituel, du service médical d'urgence, des pompiers et des proches voisins. À la fin du carnet, écrivez la date du jour, la façon de vous joindre en cas d'urgence et l'heure approximative de votre retour.

— Préparez à l'avance tout ce dont la baby-sitter aura besoin : biberon, lait, couches, crème, pyjama, petit livre, etc.

— Demandez-lui d'arriver un quart d'heure avant votre départ afin de pouvoir vous expliquer calmement et sans précipitation.

— Mettez votre nouvelle baby-sitter à l'aise en lui faisant visiter les pièces principales de la maison, en lui expliquant le fonctionnement du téléviseur, etc.

Se séparer sans drame

— Votre enfant ne pleurera pas au moment de votre départ si vous cachez une petite surprise dans la maison, qu'il n'aura le droit de chercher que lorsque vous serez partie. Mais n'oubliez pas de mettre la baby-sitter dans la confidence !

— Cet objet mis de côté à cette intention (un petit jouet ou une babiole suffisent), vous pouvez aussi le faire offrir par la baby-sitter : elle sera mieux acceptée.

– Préparez un petit menu spécial que l'enfant aime particulièrement, et qu'il partagera avec la baby-sitter. Manger ensemble crée des liens !

– Vous pouvez aussi autoriser l'enfant, exceptionnellement ce soir-là, à regarder une nouvelle cassette de dessins animés avant de se mettre au lit.

– Ne partez surtout pas quand votre enfant dort ou qu'il a le dos tourné. Expliquez-lui plutôt, quel que soit son âge, que vous sortez le temps du dîner et que vous allez revenir lorsqu'il dormira. Quelle que soit la réaction de l'enfant à l'annonce de votre départ, même s'il pleure ou proteste, cela vaudra toujours mieux que de ne pas l'informer.

– Votre enfant a un peu de mal à se séparer de vous ? En lui disant « au revoir », faites-lui « un baiser qui marque ». Mettez du rouge à lèvres et déposez un gros baiser sur le dos de sa main. Il sera content et amusé par cette trace de votre bouche qu'il peut garder. Autre idée : déposez une goutte de votre parfum au creux de son poignet. Cela fait, vous pouvez partir en toute quiétude.

Un dernier conseil : allez où vous avez dit, prévenez la baby-sitter d'un changement de programme et rentrez à l'heure dite. Bonne soirée !

Savoir se séparer

Certains parents ont beaucoup de mal à confier leur bébé à une baby-sitter, ou se sentent coupables lorsqu'ils sont obligés de le faire. Il est vrai que les petits ont besoin de leurs parents, et d'une continuité dans les soins, mais, celle-ci acquise, ils ont aussi besoin de sentir que leurs parents ont une vie en dehors d'eux, des amis, des sorties. L'enfant à sa « juste » place ne prend pas « toute » la place.

La curiosité n'est pas un vilain défaut !

Il fourre son nez dans le moindre tiroir, il tripote le télévi-seur, il sort les cassettes de leurs boîtes, il observe les four-mis, il fouille dans le sac à main, il veut savoir ce qui est écrit là, il demande d'où viennent les nuages… Sa curiosité est épuisante ! Sans doute. Mais il se trouve que ce « défaut » inné, présent chez tous les enfants, est en réalité une qua-lité merveilleuse, à protéger à tout prix. Il s'agit d'un pro-fond désir d'apprendre, d'explorer, de connaître, d'une envie de grandir et de progresser ; d'un sens naturel de l'effort, aussi, pour atteindre un but fixé.

Le jeune enfant apprend en jouant, mais aussi en s'exerçant et en agissant spontanément sur les objets. Cette approche directe, base de l'esprit scientifique, explique qu'il soit un « touche-à-tout ». Les activités guidées par la curiosité jouent un rôle important dans le développement de l'intelligence. Plus l'enfant a des occasions variées d'exercer ses capacités, mieux il les développera. D'où l'importance de le mettre en contact physique avec des objets différents, des lieux, des expériences : l'emmener au marché ou sur son lieu de tra-vail, lui confier un tournevis ou un râteau, lui faire appri-voiser un cochon d'Inde ou planter du persil, goûter un plat exotique ou démonter ensemble une lampe de poche. C'est cette même curiosité, ce même élan vital, qui mènera l'enfant à la découverte de la lecture, de l'écriture et de toutes les connaissances.

Dès l'âge d'un an, la curiosité pousse l'enfant à se déplacer et à explorer. Il se passionne longuement pour les petits objets, les insectes minuscules, les grains de poussière. Les portes de placard exercent sur lui un attrait évident, ainsi que de faire l'inventaire du contenu. Jusque vers trois ans, l'enfant a un véritable besoin de toucher : il connaît avec ses mains, sa bouche, son odorat autant qu'avec ses yeux. Lui demander de « regarder sans toucher », c'est faire injure à son intelligence. Son champ de découvertes, son « terrain pour l'aventure », ne se limite plus à la maison et aux merveilles qu'elle renferme : il aime les parcs, les bois, les plans d'eau, les animaux. À l'âge de l'école primaire, l'enfant est partant pour toutes les découvertes et toutes les aventures. Les parents ont tout à gagner à encourager cette curiosité, quels qu'en soient les inconvénients apparents. Mais cela suppose qu'ils rendent sûrs les lieux de vie de l'enfant : il doit pouvoir explorer sans risque pour lui, pour les autres, ou pour les objets précieux. Rien de pire que l'enfant à qui l'on crie sans cesse : « Non… ne touche pas à ça… lâche ce livre… ne fais pas ça… »

Bien sûr, il ne s'agit pas de laisser l'enfant toucher à tout. Il faut lui interdire toutes les manipulations ou les explorations qui pourraient se révéler dangereuses : les appareils électriques et les produits ménagers, entre autres, doivent être tenus strictement à l'abri de sa curiosité. Il est tout aussi légitime de vouloir préserver sa chaîne stéréo ou ses papiers personnels en interdisant fermement leur accès aux petites mains baladeuses. À chaque parent de définir ses interdits, qui doivent être nettement et systématiquement rappelés. Moins ils seront nombreux, plus ils seront faciles à faire respecter. Mieux vaut donc aménager temporairement l'espace familial en fonction de l'âge de l'enfant… et ranger le vase de Chine tout en haut de l'armoire.

Pour compenser tout ce qu'il est interdit de toucher, il est bon de laisser à la disposition du jeune enfant une quantité de petits objets fréquemment renouvelés, dans une panière ou un tiroir bas, auxquels il a librement accès : morceaux de tissu, ustensiles de cuisine, boîtes à œufs, porte-clés, papiers d'emballage, vieux catalogues, pinces à linge, socquettes ou moufles de bébé, gants de caoutchouc, etc. L'enfant a aussi envie d'explorer de nouvelles matières et de mettre les mains dans la terre, la boue, le sable : tout ce que sa mère trouve salissant et que lui adore. Plus tard, il voudra grimper aux arbres pour regarder dans les nids, faire gicler les flaques de pluie, ou s'allonger dans l'herbe pour observer les coccinelles. L'autoriser à se salir, c'est aussi respecter son développement.

L'enfant est naturellement curieux et émerveillé de tout. Il apprend vite. Il ne dépend que de ceux qui l'entourent que l'enfant s'éveille au monde et se bâtisse un tempérament d'explorateur. Encore faut-il se montrer soi-même curieux, motivé, enthousiaste et ouvert. Aux parents de soutenir l'enfant, à lui de choisir librement ses centres d'intérêt.

Super-idées de balades pour petits curieux

– Visite d'un phare, d'un musée des transports ou des jouets, d'un élevage, d'une réserve d'oiseaux, d'un haras, d'une caserne de pompiers, d'un aquarium.

– Visite d'usines (de bonbons, de papier recyclé, de glaces, de parfum…), d'une imprimerie, d'un journal, d'une radio ou d'une télévision, d'artistes ou d'artisans que l'on peut voir travailler (souffleur de verre, potier, vannier, peintre, apiculteur, boulanger, marin-pêcheur, viticulteur, fabricant de bijoux ou de bougies…).

– Assister à un concours animal, à une régate, à une course de chevaux, à un carnaval, à une compétition.

– Essayer de : pêcher, ramer, faire du cerf-volant, traire une vache, escalader, peindre un paysage d'après nature.

(Extrait de *Votre enfant de 3 à 6 ans*, Anne Bacus, Marabout.)

Pour que les retrouvailles du soir se passent bien

Votre petit Maxence a été gardé loin de vous toute la journée. Il passe ses journées à la crèche ou chez son assistante maternelle, pendant que les vôtres se déroulent au bureau. Quand arrive la fin d'après-midi, vous courez dans les transports ou vous vous faufilez dans les embouteillages, tout à la joie de le retrouver. Lui, de son côté, vous attend depuis un moment déjà. Il a bien repéré que vous arriviez après la maman de Bastien mais juste avant le papa de Virginie. Pourtant, votre arrivée provoque des réactions inattendues et pour le moins désagréables. Non seulement Maxence ne se précipite pas dans vos bras, mais il feint carrément l'indifférence, d'un air de dire : « Ah, tiens, tu es là ? Attends donc deux minutes et je suis à toi. » Il y a six mois, dès que vous arriviez, il courait à l'autre extrémité de la pièce se cacher sous la table. Si vous faisiez mine de l'attraper, il hurlait. L'an dernier, il fondait en larmes quand vous quittiez ensemble la crèche… Décidément, ces retrouvailles sont bien difficiles. Et si frustrantes pour les mamans, fatiguées de leur journée de travail et pressées de récupérer leur petite famille. Pourquoi ces réactions des petits enfants ? Faut-il s'en inquiéter ? Que faire ?

Le temps n'est pas le même pour chacun

Les journées, pour un jeune bébé (moins de dix ou douze mois), sont très longues. Le temps, pour lui, ne se déroule pas à la même vitesse que pour vous. Lorsque vous le récupérez en fin de journée, il lui semble vous avoir quittée depuis longtemps déjà. Il est dans son « présent » de la crèche ou de la nounou, dans un autre monde que celui que vous représentez, vous et la maison. Si vous voulez qu'il vous sourie et vous tende les bras, prenez le temps nécessaire. Asseyez-vous face à lui et parlez-lui doucement en l'appelant par son nom : « Bonjour Lisa, c'est maman. Tu as passé une bonne journée ? Je viens te chercher pour rentrer à la maison... » Votre bébé va reconnaître votre voix, faire le lien avec votre visage, puis marquer sa joie. Vous pouvez alors le prendre dans vos bras sans risquer une mauvaise surprise.

Le moment de fatigue

Entre douze et quinze mois, l'enfant entre dans une phase qu'on peut appeler hyperactive. Il se dépense sans compter et ne prend pas toujours le temps suffisant pour dormir ou même se reposer. Il y a tant de choses à explorer ! Si bien qu'en fin de journée, il est épuisé. C'est l'heure où vous arrivez. Rassuré par votre présence, il se sent soudain submergé par toutes les tensions accumulées. Avec vous, il sait qu'il peut se laisser aller : il est dans de bonnes mains. Alors, il va pleurer, pour un rien. Pleurer de fatigue et d'énervement. C'est le cadeau qu'il vous fait : en vous il a confiance. Vous vous énervez, vous montrez votre déception ? Il pleure de plus belle. Lui ne veut que vos bras. Il va tomber bien vite de sommeil, le nez dans l'assiette de soupe. Que faire ? Pas grand-chose. Comprendre, apaiser, donner un petit bain chaud, prendre patience. Dans quelques mois, votre enfant sera plus costaud, fera de plus longues siestes et supportera mieux les fins de journée.

Les comportements à éviter
– Attraper votre bébé par-derrière, sans qu'il vous voie.
– Montrer combien vous êtes pressée.
– Faire durer la situation plus de dix minutes.
– La laisser dégénérer. Crier, frapper.
– Échanger les bonnes grâces de l'enfant contre un pain au chocolat ou des bonbons.

Il vous « en fait voir »

Vers un an et demi, deux ans, autre scénario. On pourrait l'intituler, dans sa version douce : « Tu m'as fait attendre, maintenant à toi ! », et dans sa version dure : « Tu m'as laissé toute la journée, maintenant je me venge ! » L'enfant de cet âge sait très bien que vous le laissez pour aller faire votre vie ailleurs, avec d'autres gens. Il voit que certains enfants repartent plus tôt. Pour tout cela, il vous en veut, même s'il est heureux à la crèche ou qu'il adore sa nounou. Tant que vous n'êtes pas là, il vous guette anxieusement, mais dès l'instant où il vous a vue arriver, il marque la distance. Certains jours, il va continuer son jeu sans même montrer qu'il vous a vue. D'autres jours, il va s'enfuir et se débattre comme s'il ne voulait pas repartir avec vous.

Que faire ?

– Comprenez que l'enfant n'a pas le même rythme que vous et que les transitions sont toujours, pour lui, des moments délicats.
– Donnez-vous un temps pour lui dire bonjour et échanger sur ce qu'il est en train de faire. Montrez-lui que vous respectez ses activités. Comme tout le monde, il déteste être interrompu.
– Parlez quelques minutes avec la personne qui le garde.
– Il viendra quand il l'aura décidé. Alors bavardez, dites votre joie de le retrouver, évoquez le dîner du soir, ce

que vous ferez ensemble, et entraînez-le doucement vers la sortie.

– La situation dégénère en une grande scène ? Prenez votre enfant sous le bras et partez. Vient un moment où il faut dire stop.

Garder son calme face à ses colères

Marlène, deux ans, n'accompagne plus sa maman au super-marché. Ses cris et ses manifestations de rage, à chaque refus de ce qu'elle réclame, ont eu raison de la patience mater-nelle. Comment ne pas se sentir à la fois désarmée et éner-vée devant un petit bout de fille qui hurle, trépigne, escalade le chariot et vous attire les regards des clients comme si vous étiez un bourreau d'enfants ?

Flavio n'a que dix-huit mois, mais ses colères sont déjà ter-ribles. S'il voit un objet et le réclame, il ne peut supporter qu'on le lui refuse. Cela va du gâteau pour le dessert au trousseau de clés de son papa. La frustration lui semble tel-lement insupportable que ses parents se demandent s'ils ne sont pas trop durs avec lui et s'ils ne devraient pas lui céder davantage.

Les petits, entre dix-huit mois et quatre ans environ, sont volontiers coléreux. La frustration ou le dérangement, en fait tout ce qui s'oppose à leur désir immédiat, peut être le prétexte d'une crise. Ils voudraient décider de leur vie, mais ils se sentent petits et impuissants. Obéir ? C'est insuppor-table. Ou alors vraiment pour faire plaisir…

Comment réagir à ces colères ?

Sur le moment

— L'enfant, lancé dans une crise de colère, perd tout contrôle émotionnel. Il n'entend rien, il fait un éclat. Le contraindre ou le raisonner ne ferait que renforcer ses cris.

— La tension nerveuse doit d'abord retomber. Le mieux est de laisser un temps à l'enfant pour décharger cette énergie, soit en l'ignorant, soit en l'isolant lorsque c'est possible (« Tu vas aller crier un moment dans ta chambre, tu reviendras lorsque tu seras calmé. »).

— Ne cédez pas. Si les colères « payent », elles deviendront plus fréquentes.

— Ne piquez pas une colère plus forte que la sienne. Il serait terrifié. Souvenez-vous que votre attitude a toujours valeur d'exemple pour l'enfant.

À la fin de la colère

— Lorsque vous sentez que l'enfant a exprimé une grande partie de sa rage, vous pouvez, s'il l'accepte, l'aider à y mettre fin. Enveloppez-le dans vos bras et tenez-le un moment contre vous, de manière ferme et tendre. Bercez-le doucement. Cela l'aide à se reconstruire.

— Si vous l'avez envoyé dans sa chambre, rappelez-lui qu'il peut en sortir et revenir vers vous dès qu'il aura fini sa colère.

— Ne restez jamais sur un conflit. C'est à vous de faire le premier pas vers la réconciliation. L'enfant a absolument besoin de savoir que sa colère n'a pas endommagé l'amour que vous lui portez.

— S'il a eu des gestes violents qui ont fait mal ou cassé quelque chose, aidez-le à réparer. Il peut demander pardon à son frère, ou ramasser les morceaux du puzzle qu'il a lancés en l'air.

— Expliquez-lui qu'il a, comme tout le monde, le droit de ressentir et d'exprimer de la colère, mais pas celui de détruire ou de faire mal.

À froid

— Si votre enfant est très coléreux, s'il réagit à la moindre contrariété ou frustration, c'est le moment de vous interroger. Avez-vous su lui imposer progressivement des limites ? Est-ce bien clair que ce n'est pas lui qui commande à la maison ?

— Donnez-vous à votre enfant, ainsi que son père, l'exemple d'adultes qui savent contrôler leurs émotions, dériver leur propre colère et garder leur calme ? L'exemple des parents est fondamental dans la façon qu'aura l'enfant d'apprendre à gérer ses propres émotions. Quand vous sentez une colère en vous, dites-lui : « Je sens la colère qui monte en moi à cause de ce qui vient de se passer ; je vais m'isoler un petit moment et sortir respirer sur le balcon pour reprendre mon calme. »

Comment éviter la prochaine colère ?

— Essayez, très rapidement, de détourner son attention vers quelque chose qui l'intéresse. Cela va de : « Oh, regarde le pigeon sur la terrasse ! » à : « N'est-ce pas l'heure de ton feuilleton ? »

— Montrez que vous comprenez son désir, avant de refuser de le satisfaire : « Tu as raison, ces bonbons ont l'air délicieux, la prochaine fois c'est ceux-là que nous achèterons. »

Apprendre la négociation

Parfois un « oui » limité, qui est l'aboutissement d'une négociation, peut désamorcer un conflit. C'est la méthode sans perdant. « D'accord pour le bonbon, mais un seul. » « OK pour que tu continues ton jeu mais cinq minutes seulement. » De son côté, l'enfant apprend à faire valoir ses arguments et il se sent entendu de vous. Même s'il n'a pas tout ce qu'il veut, il en a une partie. De votre côté, vous avez obtenu de votre enfant qu'il vous obéisse sans déclencher de conflit. Mais attention : tout ne se négocie pas. Si vous ne trouvez pas d'accord avec votre enfant, c'est vous qui devez avoir le dernier mot.

Comment lui faire prendre ses médicaments

Prendre des médicaments : gouttes, sirop, suppositoires ou piqûres, n'est certes pas une expérience agréable, mais c'est parfois indispensable. C'est ce qu'il convient de faire admettre à l'enfant pour éviter les bagarres, l'exaspération, les bouches aux mâchoires serrées, les rejets, la colère ou les hurlements. Jusqu'à l'âge de six ou sept ans, l'enfant a du mal à concevoir que ces séances se déroulent « pour son bien ». Lui ne voit que l'immédiat, ce sirop infâme qu'il va devoir avaler ou ces gouttes pour le nez qui vont lui brûler la gorge. Il vit son corps comme une enceinte bien protégée, dans laquelle il ne peut permettre aucune intrusion qu'il n'ait lui-même choisie. Ces crises à répétition autour de la prise des médicaments sont parfois si terribles qu'elles créent un vrai traumatisme pour les parents comme pour l'enfant. Voyons comment il est possible d'éviter cela.

Tout le secret réside dans l'attitude mentale du parent. Si l'adulte se comporte tout à fait normalement, comme s'il ne pouvait même pas imaginer un refus de l'enfant, il présente alors la prise de médicaments comme une contrainte de la journée aussi naturelle que se laver les dents. L'enfant suivra d'autant mieux qu'il sentira, dès le départ, que toute résistance serait inutile et qu'il finira, d'une manière ou d'une autre, par prendre ses médicaments. Pas de négociation possible. Son choix se limite à la façon de les prendre. Beaucoup préféreront alors la manière douce, ce dont il convient de les féliciter.

Avec un jeune enfant, le plus simple consiste à l'asseoir à table ou dans sa chaise haute, à bavarder avec lui, et à lui présenter le médicament dans une cuiller habituelle, sans s'interrompre, comme on lui ferait goûter une préparation culinaire. On montre ainsi tout naturellement que se soigner fait partie de la vie et du respect que l'on a pour son propre corps.

La pire des attitudes, parce qu'elle suscite en réaction le refus de l'enfant, est celle qui consiste à s'excuser de devoir lui faire des choses si terribles, en fournissant des explications embrouillées, comme si l'on s'attendait à son opposition. Oubliez aussi les techniques consistant à lui pincer le nez pour lui faire ouvrir la bouche, ce qui pourrait provoquer une fausse route alimentaire, ainsi que les menaces ou les représailles.

En revanche, certains conseils pratiques tout simples peuvent beaucoup aider.

— Une boisson glacée a moins de goût : vous pouvez soit mettre le sirop au réfrigérateur, soit proposer à l'enfant de sucer brièvement un glaçon avant de l'avaler.

— Si vous devez mélanger un sirop ou des gouttes à une boisson pour en dissimuler le goût, choisissez de préférence un jus de fruits plutôt fort et inhabituel, comme un jus de prune ou de raisin.

— Un comprimé écrasé entre deux cuillers n'est pas forcément plus mauvais à avaler ou plus difficile à faire prendre qu'un sirop. On peut, au choix, déposer la poudre de médicament entre deux couches de confiture, de compote, de miel, de banane écrasée ou de sirop de fraise, selon les goûts de l'enfant.

— Le suppositoire n'est plus une obligation, sauf si l'enfant vomit beaucoup. Presque toutes les médications existent sous une autre forme. Comme le thermomètre, le suppositoire glissera mieux si sa pointe est enduite de vaseline.

– Une seringue sans aiguille permet de faire directement glisser le liquide dans la bouche de l'enfant. Si celui-ci est sur le dos, il ne peut recracher. Pour les tout-petits, pensez aussi à mettre le sirop dans une tétine que vous placez au-dessus de la bouche de l'enfant.

– Les gouttes tiédies sont moins désagréables pour l'oreille, surtout si on est concentré devant un dessin animé.

– Apprenez dès que possible à votre enfant à avaler les comprimés avec un verre d'eau. Montrez-lui le geste, puis faites-le essayer avec un petit pois. Le jour où il y parvient, vous êtes en partie tirée d'affaire.

Faire de l'enfant un allié

Il sera toujours plus facile d'amener un enfant à se soigner correctement s'il comprend le sens de sa maladie et du traitement qu'il subit. On peut parfois, avec de l'humour et des explications simples sur « les méchants virus qui attaquent le corps », « nos défenses efficaces mais parfois submergées » et « les gentils médicaments qui sont là pour nous venir en aide afin de chasser l'ennemi infiltré dans nos lignes », obtenir une vraie coopération de l'enfant. Il coche sur le calendrier les jours qui restent à tenir bon et va seul chercher sa boîte de médicaments. Vous le félicitez régulièrement de si bien guérir, afin qu'il comprenne qu'il est responsable de sa propre santé, et vous lui promettez un petit cadeau pour le jour où il aura définitivement remporté la victoire !

Bébé se cramponne et crie en vous quittant

Les six ou sept premiers mois de bébé sont marqués par son sourire. Il reconnaît ses parents, les préfère à tout autre adulte, mais ne manifeste pas d'inquiétude particulière au moment de leur départ. Toute personne sympathique a droit à ses risettes et à ses grâces. Vers huit mois, changement de décor. Bébé hurle à l'approche d'un étranger qu'il ne reconnaît pas comme un de ses proches et ne trouve d'apaisement que dans les jupes de maman ou caché derrière le pantalon de papa. Toute séparation provoque dorénavant des protestations plus ou moins véhémentes, et toujours douloureuses. Celle qui a vécu l'expérience de devoir arracher de force des petits bras potelés accrochés autour de son cou pour pouvoir filer, piteuse et coupable, loin de son bébé, sait de quoi je parle.

Cette étape est nécessaire. Elle est vécue avec plus ou moins d'intensité selon les enfants. L'inquiétude normale que l'enfant de cet âge commence à ressentir dure quelques mois, puis diminue progressivement. Lorsqu'il aura appris à communiquer, à parler, lorsqu'il aura acquis de la confiance en lui, l'enfant saura faire face à l'inconnu et à la séparation temporaire d'avec ses parents.

Mais en attendant, que faire ? Et comment réagir face à l'enfant qui s'agrippe à sa maman comme une moule à s rocher et commence à pleurer chaque fois qu'elle sort de son angle de vue, quitte la pièce ou fait mine de s'éloigner ?

• Encouragez très tôt le sens de l'indépendance

Cela peut se faire dès la naissance. Aménagez pour votre bébé un coin à lui, où il peut rêver, jouer et évoluer en toute liberté. Puis laissez-le seul de temps en temps, en l'accompagnant de votre voix. Quand votre bébé se déplace, laissez-le évoluer dans la maison et s'éloigner de vous sans votre contrôle direct (mais gardez-le à l'œil tout de même !). Enfin, chez les plus grands, récompensez toute marque d'indépendance. Il veut s'habiller seul ? Très bien. Descendre tout seul les escaliers ? Bravo ! Surveillez, mais n'intervenez que lorsqu'il demande votre aide.

• Jouez à cache-cache

Dès cinq mois, bébé adore ce jeu qui consiste à cacher brièvement son visage derrière ses mains, puis à les écarter en lançant : « Coucou ! » Ensuite, on se cache derrière un rideau, ou une porte. Quand l'enfant se déplace seul, on joue au vrai cache-cache, en se glissant derrière un fauteuil, facile à découvrir.

Ces jeux apprennent à l'enfant que l'on peut se séparer en s'amusant, avec la certitude de se retrouver.

• Habituez votre bébé à voir du monde

Si votre foyer bruisse souvent de rires, de rencontres, d'amis, de petits cousins, votre bébé aura moins peur des étrangers. Il aura pris l'habitude passer de mains en mains et de jouer avec chacun. Ce n'est pas pour autant qu'il cessera de crier à l'approche du facteur ou de l'agent de police…

• Habituez votre bébé à la séparation

Tout enfant a besoin d'avoir des contacts avec d'autres adultes et d'autres enfants. Le confier quelques heures à une baby-sitter de confiance, une journée à une voisine ou une halte-garderie accueillante, quelques jours à une grand-mère bienveillante, seront des expériences enrichissantes qui lui apprendront à vous quitter sans angoisse.

• Préparez votre enfant au changement

Si vous devez le laisser dans un lieu ou avec quelqu'un qu'il ne connaît pas encore, expliquez-lui la situation et donnez-lui un temps d'adaptation suffisant avant de le quitter. Ne permettez pas non plus à une personne inconnue de l'enfant de s'approcher de lui ou de le prendre dans ses bras sans s'être auparavant fait accepter de lui.

• Apprenez à lui dire au revoir

Votre départ sera plus facile si vous choisissez, pour partir, un moment où votre enfant est plongé dans une activité intéressante. Partir sans lui dire au revoir pourrait déclencher une angoisse de séparation plus grande encore. Mais ne faites pas non plus traîner inutilement les adieux. Un petit câlin, un gros bisou, et vous filez.

• Prenez garde à vos propres émotions

Le petit enfant est très habile pour percevoir ce que ressent sa maman et y réagir. Vous êtes triste de le laisser ? Il le sent. Si ses pleurs vous culpabilisent, cela ne fait que renforcer son inconfort. Il sent que vous hésitez à le laisser ? Il crie de plus belle. L'enfant ne doit pas sentir qu'il peut vous influencer. Alors, gardez un ton calme, rassurant, pour lui dire que vous l'aimez, qu'il va bien s'amuser et que vous reviendrez bien vite.

L'angoisse du huitième mois

C'est le nom que l'on donne à cette phase du développement de l'enfant. Cette angoisse est plus ou moins accentuée selon les enfants. À cet âge, autour de huit mois, le bébé comprend que sa maman, lorsqu'elle le quitte, continue à exister quelque part, mais loin de lui. Ce qu'il a d'autant plus de mal à accepter qu'il n'est pas encore sûr qu'elle revienne. Il fait également mieux la différence entre ceux qu'il connaît, les familiers, et ceux qu'il ignore, qu'il se met à craindre.

L'heure du lit : s'endormir en douceur

Quels parents n'ont jamais eu de problèmes pour coucher leur enfant ? Les difficultés pour mettre au lit ces chers petits et pour les convaincre d'y rester sont parmi les plus fréquentes… et les plus pénibles pour les parents épuisés qui rêvent d'une soirée tranquille. C'est une certitude : l'enfant a besoin de sommeil, mais comment l'en convaincre lorsqu'à onze heures du soir il a déjà appelé cent fois pour un dernier verre d'eau ou un ultime câlin ?

Une chose à admettre d'emblée : on ne peut faire dormir de force un enfant. Aussi, le but à se fixer n'est pas d'endormir l'enfant, mais d'obtenir de lui qu'il reste tranquille dans son lit ou dans sa chambre passé une certaine heure, ce qui est beaucoup plus facile. L'enfant, au calme, s'endormira de lui-même lorsque le sommeil viendra.

Pourquoi l'enfant ne veut-il pas se coucher ?

Le lit est le dernier endroit où il souhaite se rendre : pour l'enfant, cela signifie se séparer de ses parents et de ses jouets, stopper ses exploits et ses explorations pour une douzaine d'heures, se retrouver seul dans le noir, face aux démons de la nuit… On comprend son manque d'enthousiasme. Il se sentirait tellement mieux sur le canapé du salon, tendrement coincé entre papa et maman, ou, à la limite, dans le lit parental… Seule la confiance en lui et en ses parents lui permettra de devenir autonome. Il faut donc d'une part que ces derniers montrent un front uni, convaincant et ferme, d'autre part que l'enfant ait reçu le temps d'attention affectueuse dont il a besoin avant de se séparer. C'est le rôle du rituel.

Un rituel important

La réussite de la mise au lit dépend beaucoup de l'heure qui précède. Fixez une fois pour toutes une heure raisonnable de coucher, qui tient compte du temps de sieste de l'enfant, de l'heure de son lever, du temps qu'il a passé en famille, etc. (une fois l'habitude installée, il deviendra possible de faire parfois des exceptions). Une heure avant, annoncez : « Dans une demi-heure, on va se préparer au lit », puis : « Dans dix minutes » (au besoin, mettez en route le compte-minutes), enfin : « Allez, il est huit heures : pipi, les dents, et au lit. » Les enfants, qui détestent les moments de transition, apprécieront le fait d'être prévenus.

Une demi-heure avant le coucher, mettez en route le rituel, immuable dans son déroulement (un enchaînement prévisible, donc rassurant, est l'une des clés du succès). D'une famille à l'autre, la séquence des événements change peu. Vont se succéder : le lavage des dents, le passage aux toilettes, l'échange sur les événements du jour, la lecture de l'histoire, le coucher des peluches, le câlin à papa et maman, l'installation du verre d'eau, la quête du doudou, etc.

Savoir se séparer

Vient le moment de quitter votre enfant sur un dernier baiser et sur une phrase, dite d'une voix assurée et calme, comme : « Fais de beaux rêves, on se revoit demain matin. » Et ne revenez plus, sauf réelle urgence.

Si vous le sentez fatigué et prêt à s'endormir, éteignez la lumière. Certains enfants ont besoin d'une veilleuse ou bien réclament que la porte reste entrebâillée. Pourquoi pas ? De même, si votre enfant dit qu'il n'est pas fatigué, vous pouvez tout à fait lui laisser la libre disposition de la lampe de chevet et lui confier un dernier petit livre qu'il feuilletera tout seul, ou bien le laisser écouter une cassette. À la réflexion : « Je n'ai pas sommeil ! », il est plus simple de répondre : « Eh bien, tu dormiras plus tard, je te demande juste de rester calme dans ton lit (ou dans ta chambre). Maintenant ce n'est plus l'heure des enfants, c'est l'heure des papas et des mamans. Si tu es sage, je reviens te faire un baiser dans dix minutes. »

Et si ça proteste...

– Donnez vos raisons : « Tout le monde doit dormir pour se sentir en forme et joyeux le lendemain. À cette heure-ci, moi aussi je suis fatiguée et j'ai envie d'avoir un petit moment seule avec ton papa. »

– Si l'un des deux doit retourner dans la chambre, le père est souvent plus efficace. Il peut dire par exemple : « Voilà ton verre d'eau. C'est la dernière fois que je me dérange. Inutile d'appeler à nouveau : ta maman ne reviendra pas ; elle se repose, tu la verras demain. »

– Quand vous avez dit que c'était la dernière fois, ne revenez plus. Sinon, il n'y aura jamais de dernière fois.

– Résistez au désir de vous coucher à côté de votre enfant jusqu'à ce qu'il s'endorme. Vous le privez ainsi de l'occasion d'apprendre à devenir autonome et vous risquez, paradoxalement, d'aggraver ses difficultés d'endormissement. Vous n'avez pas à être son doudou.

– Anticipez les demandes afin qu'il n'ait plus rien à vous réclamer. Soyez très tendre pendant tout le temps du rituel, mais ferme et presque distante ensuite. Si votre enfant n'a pas l'espoir de vous faire aller et revenir cent fois, il cessera d'essayer.

– Une phrase répétitive, énoncée à distance à chaque appel, comme : « Oui, je suis là, dors, tout va bien, on se verra demain » aura le mérite de le lasser par sa monotonie. Le but est de ne pas donner l'impression à l'enfant qu'il est maître de la situation et qu'il peut manipuler ses parents à son gré. Au-delà d'une satisfaction superficielle, cela le met dans une grande insécurité. Ce qui le rassure en profondeur, ce sont des parents qui savent ce qui est bon pour lui.

À éviter

– Coucher son enfant dans le lit parental ou le laisser s'endormir d'épuisement sur le canapé du salon.

– « Récompenser » ses crises en l'autorisant à se relever ou en satisfaisant ses multiples demandes.

– Se mettre en colère : plus on montre un calme décidé, plus l'enfant cesse vite de réclamer.

– Féliciter l'enfant qui s'est couché sagement ou qui a fait des progrès.

Changer d'assistante maternelle : un choix délicat

Un bébé s'habitue à son assistante maternelle. Il tisse avec elle des liens affectifs forts. C'est pourquoi la décision d'en changer ne doit jamais être prise à la légère. Il faut pour cela de bonnes raisons. Et agir avec beaucoup de précautions, toujours dans le souci de protéger le sentiment de sécurité du jeune enfant.

En cas de déménagement

Sophie avait dix-huit mois et était chez sa « tata » depuis un an lorsque ses parents ont été mutés dans une autre région. Ils ont mis à profit les deux mois qu'ils avaient devant eux pour bien préparer Sophie, lui expliquer la situation et amorcer la séparation avec Tata. Dès qu'ils ont su où ils habiteraient, ils se sont mis à la recherche d'une nouvelle assistante maternelle qui pourrait accueillir Sophie. Ils espéraient surtout retrouver chez elle les mêmes qualités de patience et de gaieté. Brigitte prévoyait déjà de se rendre disponible une semaine pour aider Sophie à s'adapter à son nouveau lieu de garde. C'est le temps qu'il faudrait pour rester avec elle chez sa nouvelle assistante maternelle, tout expliquer de ses habitudes et de ses goûts et lui faire faire, au début, de petites journées. Il était prévu aussi d'envoyer de temps à autre des nouvelles de la petite Sophie à Tata, dont elle regrettait d'avoir été si vite séparée.

Et si bébé n'était pas heureux la journée ?

Dans d'autres cas, les parents, pour différentes raisons, sont insatisfaits de l'assistante maternelle qui garde leur enfant : la question du changement se pose. La décision est ici plus difficile à prendre, car le fait de changer est toujours mal vécu par le bébé qui a pris ses habitudes.

Il arrive que les parents aient l'impression que leur bébé ne se plaît pas chez son assistante maternelle et se sentent anxieux lorsqu'ils le déposent le matin. Il est souvent nécessaire de faire la part des choses. Certaines mères sont toujours insatisfaites : désirant, au fond, rester avec leur bébé, elles veulent pour lui quelqu'un qui s'en occupe comme elles l'auraient fait elles-mêmes. Une exigence impossible à satisfaire. D'autre part, certains enfants ont besoin d'un peu plus de temps que d'autres pour s'adapter à leur nouvelle vie. On voit ainsi des bébés pleurer beaucoup pendant un mois ou deux, puis s'adapter très bien et redevenir gais. Se séparer de sa maman après plusieurs mois de vie commune n'est pas chose facile pour un bébé. Aussi est-il nécessaire de patienter un peu.

Cela dit, si un bébé est en souffrance, il faut faire quelque chose. Cela se remarque aux points suivants : l'enfant est triste, il ne sourit plus, il ne gazouille plus comme avant, il pleure et ronchonne souvent, il change rapidement et durablement ses habitudes de sommeil et de repas sans que rien ne semble le justifier. Tous ces signes doivent alerter les parents. S'ils ont un doute, ils peuvent passer à l'improviste une fois ou deux chez l'assistante maternelle en cours de journée : ils seront mieux à même d'apprécier le comportement de leur enfant en leur absence. Il est bon de s'ouvrir de son inquiétude à la directrice de la crèche familiale ou à la puéricultrice du centre de P.M.I. dont dépend l'assistante maternelle. Il est nécessaire de parler aussi à l'enfant : lui dire que l'on ressent son malaise et que l'on va chercher une solution. S'il sent sa difficulté reconnue, il aura plus de facilité à la supporter et à prendre patience.

Une décision à ne pas prendre à la légère

Parfois, dialoguer avec l'assistante maternelle suffira à arranger les choses. Mais ce n'est pas toujours le cas. Si elle parle du bébé en termes désobligeants, par exemple : « Il n'a pas été gentil aujourd'hui. C'est un coquin. Il pleure tout le temps et ne veut pas finir ses biberons », et si les parents sentent qu'elle se fâche sur lui, alors il faut changer. Si l'on a perdu toute confiance, il est inutile de continuer.

Pas de culpabilité. On ne trouve pas toujours la bonne adresse du premier coup. Si l'opinion des parents est fondée, leur décision prise, et s'ils ont trouvé un nouveau lieu d'accueil, inutile de tarder. Reste à expliquer la situation calmement à l'enfant et à prévoir quelques jours pour l'aider à s'adapter en douceur chez sa nouvelle assistante maternelle.

Les bonnes questions à poser
pour choisir une assistante maternelle

– Est-elle agréée ?

– Combien d'enfants garde-t-elle ?

– Où l'enfant dormira-t-il et où aura-t-il le droit de jouer ? Quel espace est prévu pour lui ? Quelles pièces lui sont interdites ?

– Quelles sont les activités proposées à l'enfant ? De quels jeux dispose l'assistante maternelle ? Sort-elle l'enfant tous les jours ?

– Quelle est la place de la télévision dans la journée ?

– Quels sont ses principes éducatifs ? Que fait-elle si l'enfant refuse de manger ? À quel âge le met-elle sur le pot ?

– A-t-elle des enfants ? Des animaux familiers ?

Les limites et l'autorité... bien tempérée

Tant que l'enfant est très jeune, pas de problème : ses déplacements dans la maison, donc les occasions de faire des bêtises, sont limités. De gros yeux et un haussement de voix suffisent généralement à impressionner bébé.

Vers dix-huit mois ou deux ans, changement de ton. L'enfant veut décider de tout, s'oppose volontiers et refuse d'obéir. Il ne supporte plus la frustration. Il court partout, touche à tout, se montre volontiers provocateur, et déclenche ainsi toutes sortes de situations difficiles à gérer par les parents. Eux qui rêvaient de relations pacifiques et raisonnables avec leur enfant se trouvent entraînés dans des rapports de force, où ils essaient, naviguant à vue, d'éviter les écueils du laxisme ou de l'excès d'autorité. Les mois passent. L'enfant continue à hurler quand on lui demande d'arrêter son jeu, à glisser ses feutres dans la fente du magnétoscope ou à refuser de donner la main pour traverser. Comment s'y prendre pour se faire obéir de son enfant, sans prendre ni lui laisser le rôle du tyran ?

L'essentiel tient en quatre points

– Il est normal que l'enfant s'oppose et pousse l'adult
bout, mais il est souhaitable qu'il trouve en face de lui
volonté supérieure à la sienne et des parents qui sa

faire preuve de la fermeté nécessaire. Même si l'enfant proteste pour la forme, il est profondément sécurisé s'il se sent guidé par des adultes qui savent où ils vont et défendent ce en quoi ils croient. Discipliner vise bien à former des disciples.
– Les règles étant difficiles à faire appliquer, mieux vaut s'en tenir à l'essentiel. Se limiter à quelques exigences raisonnables, respectueuses et en accord avec l'âge de l'enfant est un gage de réussite. Autant il est légitime de demander à un enfant de ne pas manger sa soupe avec les doigts, ni tirer la queue du chat ou se mettre debout sur sa chaise haute, autant il sera difficile d'exiger qu'il se couche à huit heures si son père rentre à neuf heures, ou bien qu'il ne touche pas aux poupées de collection qui sont à portée de main sur le buffet.
– Une fois définies les quelques règles et interdits simples et cohérents qui régissent la vie de l'enfant, il va falloir les faire appliquer. La première étape est de les expliquer brièvement, avec des mots simples (« Tu ne touches pas la porte du four parce que tu risquerais de te brûler très fort. C'est interdit »). La seconde, de les répéter chaque fois que nécessaire (« Tu te souviens, je t'ai dit de ne pas toucher au four. C'est dangereux »). Attention : à cet âge-là, explication n'est pas discussion ou justification. La troisième étape est d'appliquer les conséquences : féliciter et encourager largement l'enfant qui obéit, sinon montrer sa réprobation. Il peut être nécessaire de punir (« Si tu lances encore une fois de l'eau hors de la baignoire, tu sors tout de suite du bain »), mais en étant économe en menaces : pour être efficaces, elles doivent être suivies d'effet !
Dans tous les cas, on constate vite que l'adulte est mieux entendu par le jeune enfant s'il base son autorité sur une relation de confiance et d'affection. Le calme est beaucoup plus efficace que les cris : faire monter sa mère sur ses grands chevaux peut vite devenir le jeu favori de l'enfant !
Autant certains comportements de l'enfant sont inacceptables (pour des raisons de sécurité entre autres), autant

il doit se sentir totalement accepté et respecté dans ses désirs et dans ses émotions. Il a le droit de se sentir en colère, mais pas de frapper sa petite sœur. Il a raison d'avoir envie d'un pain au chocolat, mais pas de hurler dans la boulangerie si on le lui refuse. Il est essentiel de bien lui faire sentir cette différence : lui est aimé, pas ses caprices.

Beaucoup de parents se demandent, finalement, s'ils savent se faire obéir de leur petit enfant. Une manière facile de le savoir est de répondre honnêtement à cette simple question : chez vous, qui mène le jeu ? Qui décide pour ce qui concerne la vie quotidienne de l'enfant ? Est-ce lui ou vous qui décidez de sa façon de s'habiller, de l'heure de son coucher, de la composition de son repas, etc. ?

Une bonne fessée vaudrait-elle mieux qu'un long discours ?

Non. La fessée est toujours un échec. Échec de la patience, de l'éducation, de l'obéissance. Elle ne peut se concevoir que comme une solution exceptionnelle, donnée dans l'urgence de sévir et dans l'impuissance de trouver mieux sur le moment. Elle ne soulage que celui qui la donne, mais doit toujours être administrée sans violence, ce qui est parfois difficile. Alors, autant l'éviter : il y a d'autres moyens plus éducatifs de se faire obéir. Quant au discours, mieux vaudrait le faire bref et clair. Long, il va vite lasser l'enfant, qui cessera tout simplement d'écouter.

Bébé est-il prêt pour le pot ?

Les avis divergent. Votre mère vous a toujours dit que vous aviez été propre à un an sans problème et vous conseille d'appliquer la même méthode à votre bébé. Votre sœur, qui y est passée, vous conseille d'attendre que votre enfant soit propre spontanément, ce qui finira bien par arriver. Quant à votre assistante maternelle, elle commence le pot à dix-huit mois pour tous les bébés qui lui sont confiés. Les livres sur la question n'apportent pas non plus de réponses bien cohérentes. Mais enfin, à quel âge doit-on mettre son bébé sur le pot ?

Si la réponse est si difficile à trouver, c'est que la question est mal posée. Il n'y a pas un âge idéal pour mettre les enfants sur le pot, mais un moment, propre à chacun, à déterminer dans chaque cas. La propreté dépend d'un processus de maturation physiologique : impossible tant que la vessie est trop petite et tant que les sphincters et le système nerveux ne sont pas prêts. Vous repérerez cela au fait que la couche reste sèche pendant des temps de plus en plus longs. Mais l'éducatif et le psychologique ont aussi leur place. Le message passe mieux dans une période où l'enfant a envie de s'affirmer, de grandir, plutôt que lorsqu'il veut rester le tout-petit de sa maman. Le moment idéal pour chaque enfant peut se définir ainsi : lorsque l'apprentissage durera le moins longtemps possible. Moins de temps passé sur le pot, donc plus de temps pour jouer et grandir. Moins d'échecs répétés, donc plus de confiance en soi.

Il existe des signes permettant de déterminer ce moment où l'enfant va être en mesure de fournir sans difficultés l'effort qui lui est demandé. Tout d'abord, l'enfant est familier du pot, il sait à quoi sert cet objet et ce que l'on attend de lui. Ensuite, il dispose d'un niveau de langage suffisant et communique aisément ses besoins et ses refus. Sinon, comment demanderait-il le pot ?

Être prêt pour le pot, c'est aussi être bien développé sur le plan physique : l'enfant marche et court facilement, grimpe sur les échelles et monte les escaliers debout.

Il traverse une phase où il aime faire des petits plaisirs et des cadeaux à ceux qui l'entourent ? Il sera évidemment plus enclin à vous faire celui-ci, et vous exprimerez haut et fort votre fierté et votre gratitude.

Vient aussi une période où l'enfant se livre à des jeux d'imitation, en nourrissant son ours par exemple, et veut sans cesse faire « comme les grands » et « moi tout seul » : profitez de cette inclination pour l'inciter à faire comme papa ou maman, qui eux n'ont pas de couches.

S'il a cessé de tout porter à la bouche, qu'il sait faire des gribouillages et adore se livrer aux joies du patouillage (pâte à modeler, sable, eau, purée, etc.), c'est encore le signe qu'il est prêt à changer le type de rapport qu'il entretient avec la matière en général, et avec son corps en particulier.

Vous repérerez certains de ces signes chez votre enfant, mais vous ne les aurez jamais tous. Les deux points suivants, en revanche, sont indispensables. Préférez toujours une période affective stable : ce n'est pas en période de déménagement, de mise à la crèche ou de naissance d'une petite sœur que l'on décide d'enlever les couches. D'autre part, inutile de commencer sans l'accord de votre enfant : vous ne le rendrez pas propre malgré lui, ni s'il est en pleine phase d'opposition. Il y a toujours un moment où le désir de propreté va s'exprimer : prenez patience.

Aujourd'hui, l'ambiance de la société est à la performance et à la compétition dès le plus jeune âge. La précocité est érigée en vertu. Du temps de nos grand-mères, la corvée du lavage des couches était trop pénible pour que l'on n'incite pas fermement le bébé à s'en passer rapidement. Paradoxalement, au temps des couches toujours plus sèches, on voudrait de nouveau des enfants propres très jeunes, si possible avant les autres, ce qui serait un signe de leur bon démarrage. (D'ailleurs la petite Julie, qui a le même âge, ne fait-elle pas dans le pot depuis déjà trois mois ?) On oublie seulement que l'enfant qui ne se préoccupe pas de devenir propre est occupé ailleurs, à parfaire son habileté corporelle ou à exercer son intelligence.

Et s'il suffisait, une fois le bon moment repéré, d'expliquer à l'enfant ce que vous attendez de lui, puis de simplement le soutenir dans ce nouvel apprentissage ? Son corps lui appartient et lui seul connaît ses besoins. Si vous accompagnez le développement de votre enfant, avec attention mais sans jamais le forcer, vous ne vous tromperez pas. À deux ans, un peu plus tôt ou un plus tard, il deviendra propre facilement, à son rythme, comme s'il franchissait une étape banale et naturelle de son développement. À la satisfaction de chacun.

Interrogation sur la « propreté »

Lorsqu'un petit enfant n'est plus incontinent et que les adultes de référence lui apprennent les manières qui vont avec, on dit qu'il est devenu « propre ». Est-ce à dire qu'avant il était sale ? Ce mot ambigu, la « propreté », qui existe dans la langue française, ne se retrouve pas dans de nombreuses autres langues, où l'on dit de l'enfant qu'il est, par exemple, « entraîné au pot ». Peut-on supposer que le mot employé a une influence sur notre manière de concevoir ce qu'il désigne ?

L'apprentissage du pot : à faire, à éviter

Tant que l'enfant est petit, il n'y a pas de problème : tous les parents trouvent normal de changer ses couches plusieurs fois par jour. Puis vient un moment où les parents auraient bien envie que leur enfant soit « propre ». La lassitude joue certainement un rôle, mais aussi la comparaison avec d'autres enfants du même âge qui, eux, font déjà dans le pot. On pense qu'il a bien grandi, qu'il pourrait sûrement se retenir. Les conseils contradictoires entendus ici ou là génèrent chez les parents une anxiété bien inutile. Comme tous les mammifères, l'homme est naturellement « continent ». La quasi-totalité des enfants finit donc par être propre, certains plus tôt ou plus facilement, d'autres moins. L'âge d'acquisition de la propreté n'a aucun rapport avec le reste de son développement.

Il s'agit bien d'une acquisition normale, mais elle est pourtant complexe. D'abord, il s'agit d'un domaine sensible, que les parents investissent beaucoup, et qui peut, de ce fait, devenir un champ privilégié d'opposition. Ensuite, devenir propre suppose au préalable l'acquisition de certaines compétences physiques, nerveuses, intellectuelles et langagières. C'est pourquoi un enfant est rarement propre avant dix-huit mois ou deux ans, le plus souvent entre deux et trois ans. Avant cette maturité, l'enfant ne peut se contrôler : il ne s'agit pas d'éducation mais de conditionnement.

Si les parents attendent que l'enfant soit prêt pour commencer l'apprentissage de la propreté, celui-ci peut se faire en quelques jours seulement, parfois quelques semaines. À condition de reconnaître le moment où l'enfant est prêt, de savoir s'y prendre, et de ne pas faire d'erreur rédhibitoire...

L'enfant est prêt quand :

– il connaît son corps, les mots pour en nommer toutes les parties et ceux qui concernent les fonctions d'élimination ;
– il parle assez bien et sait demander ce dont il a besoin ;
– conscient du fonctionnement de son corps, il sait quand il élimine, et demande à être changé quand sa couche est sale ;
– il peut rester deux ou trois heures avec une couche sèche, et se réveille parfois au sec ;
– il aime imiter ses parents, ses aînés et ses copains ;
– il est coopérant, désireux de faire plaisir et capable de suivre des instructions simples ;
– bien coordonné, il court et grimpe : on le sent à l'aise dans son corps ;
– il a compris ce que l'on attend de lui ;
– il est d'accord pour ôter les couches et aller sur le pot.
Ces deux derniers points sont fondamentaux. Si l'enfant est prêt et désireux de coopérer, l'apprentissage se fera tout seul.

Les comportements et les attitudes qui aident

Vient donc un moment où l'on commence à mettre son enfant sur le pot, en envisageant d'enlever prochainement les couches. Indépendamment de la méthode adoptée, voici quelques conseils qui ont fait leurs preuves.
– Si l'enfant est à la crèche ou chez une assistante maternelle, mettez-vous d'accord pour démarrer ensemble et de la même manière. Utilisez de préférence les mêmes mots.

– Achetez le pot avec l'enfant en lui laissant choisir son modèle. Puis laissez-le s'y familiariser autant qu'il veut.

– Proposez le pot à heures plus ou moins régulières, sans jamais obliger l'enfant à s'y asseoir. Laissez-le dessus un temps bref, moins de cinq minutes. Il n'a rien fait ? Passez à autre chose. S'il ne se passe rien pendant deux semaines, rangez le pot. Vous le ressortirez dans deux ou trois mois.

– Il a fait ? Montrez votre fierté et félicitez-le de sa réussite. Si cela devient régulier, vous allez pouvoir supprimer les couches et emmener votre enfant s'acheter de jolis sous-vêtements.

– Les « accidents » sont inévitables. La meilleure attitude consiste à changer rapidement l'enfant et à le rassurer en lui répétant votre confiance. Si les accidents sont trop nombreux, posez-vous la question de savoir si votre enfant était vraiment prêt.

– S'il fait assez chaud et si votre sol le permet, laissez votre enfant en petite culotte, voire les fesses à l'air : il sentira mieux ce qui se passe dans son corps et sera plus rapidement sur le pot.

Ce qu'il faut éviter

Tout se passera bien et votre enfant sera propre tout naturellement, à son rythme, à condition d'éviter les quelques maladresses que voici…

– Attendre trop de l'enfant, et trop tôt, à un âge où il ne peut le donner. On le met alors dans une situation d'échec bien douloureuse.

– Faire fortement pression sur l'enfant, l'obliger à s'asseoir sur le pot. Mieux vaut éviter tout rapport de force : la propreté n'est pas une bataille que vous pouvez gagner sans la coopération de l'enfant.

– Laisser l'enfant sur le pot plus de cinq minutes, l'y occuper avec des jouets ou des livres. Il a envie ou il n'a pas envie, mais les toilettes ne sont pas une salle de jeu.

– Entreprendre l'apprentissage de la propreté en même

temps que survient un événement familial majeur (déménagement, naissance, etc.).

– Habiller l'enfant avec des vêtements difficiles à enlever : bretelles, braguettes à boutons, etc. Des habits simples l'aideront à devenir propre et autonome : quand il a envie, c'est tout de suite !

– Punir, critiquer ou ridiculiser l'enfant en cas d'accident. Très sensible, il peut se sentir découragé dans ses efforts si vous montrez ainsi votre contrariété, votre impatience ou votre déception.

Apprendre à s'habiller seul

C'est chaque matin la même scène lorsque Carole veut habiller Matthieu, deux ans. Il se roule par terre et se trémousse, veut absolument mettre son short bleu en plein hiver, joue à cacher ses chaussures. Carole finit par s'énerver. Elle crie, menace d'une fessée et habille de force Matthieu qui lui lance des coups de pied... Il est finalement habillé, mais à quel prix ! Il est temps de lui apprendre à s'habiller seul. Ce qui sera gagné sur le plan de l'autonomie ne s'investira plus en opposition et bagarres. Faire de l'habillage un moment simple et agréable est encore ce qui engendrera le moins de refus et le plus de coopération.

La joie et la capacité de faire
À vous de savoir ce que votre enfant est capable de faire seul. Puis apprenez-lui le reste hors des moments de stress matinal. À deux ans, il ôte gilets et pulls que l'on a déboutonnés et baisse culotte et pantalon. À trois ans, il s'habille seul si les vêtements sont bien choisis et bien présentés. À trois ans et demi, il boutonne. Un an plus tard, il maîtrise tout sauf les lacets.

Cet apprentissage sera plus facile si, dès la naissance, l'enfant a appris que s'habiller et se déshabiller sont des moments de plaisir. Selon son âge, on lui parle ou on lui chante des chansons, on lui confie un jouet ou un petit livre, on invente des comptines ou on met une cassette. S'habiller restera dans son esprit un moment agréable et non une corvée.

On peut aider l'enfant en préparant la tâche

Il est important de faciliter la tâche de l'enfant par le choix de vêtements appropriés, simples à mettre et à enlever. Pantalons et jupes à taille élastique, sweats plutôt que gilets, chaussons sans lacets, chaussures à fermeture de type Velcro, etc. Quand il saura maîtriser cela, vous passerez à plus compliqué.

Apprenez-lui progressivement les techniques de l'habillage. Pour cela, vous pouvez lui montrer puis l'encourager à s'entraîner sur un gros ours en peluche ou une poupée, avec des habits de bébé très simples. Certaines poupées sont même conçues spécialement à cet effet. Ne soyez pas trop impatiente – les petites mains des enfants sont longtemps maladroites – et ne ménagez pas vos compliments à chaque progrès.

Une autre façon de lui apprendre consiste à vous habiller ensemble le matin. Au fur et à mesure, vous indiquez le nom du vêtement suivant, le sens pour le mettre, vous aidez pour un bouton… et vous ne perdez pas de temps puisque vous vous habillez aussi.

Il existe certains « trucs » pratiques

Ceux-là vous simplifieront la vie et aideront l'enfant à devenir plus vite autonome :

– Choisissez ses vêtements ensemble, la veille, et disposez-les sur le sol, dans l'ordre et dans la position d'enfilage.

– Mettez un point au feutre indélébile sur la paroi interne, à l'intérieur des chaussures et chaussons. L'enfant saura qu'il faut mettre l'un contre l'autre les deux points de la paire avant d'enfiler les chaussures.

– Le même point de feutre à l'arrière des pantalons, T-shirts et pulls évitera les « devant-derrière ».

– Enfin, si vous voulez que votre enfant s'habille seul, ne

le faites pas pour lui. Comme il est plus lent que vous, veillez à le réveiller assez tôt pour qu'il ait le temps. Rien de tel que l'urgence et les « dépêche-toi » répétés toutes les cinq minutes pour stopper un enfant dans son élan et lui donner envie, justement, de prendre tout son temps, voire d'arrêter là ses efforts…

– Le matin où vous êtes pressée, jouez à « Je ferme un bouton, tu fermes le suivant, je mets une manche, tu mets l'autre…».

(Vous trouverez davantage d'idées dans l'ouvrage *1 000 trucs superpratiques pour élever bébé*, Anne Bacus, Marabout.)

« Moi tout seul »

Chez tout enfant, survient un âge où il revendique de faire seul. Il ne veut pas que vous touchiez à sa cuiller lorsqu'il mange et il préfère passer dix minutes à essayer d'enfiler ses chaussons plutôt que de se faire aider. C'est le moment de lui passer la main, quelles que soient les difficultés rencontrées. L'enfant est maladroit, cela prend du temps, etc. C'est exact. Mais refuser d'entendre et de satisfaire les demandes d'autonomie serait prendre un risque pour l'avenir, quant à sa confiance en lui par exemple. Il a besoin de sentir qu'il est compétent et que vous êtes d'accord pour qu'il grandisse. Aussi va-t-il falloir apprendre à composer…

Pourquoi dit-il toujours non ?

Tu viens te laver ? Non. On va se promener ? Non. Tu veux un gâteau ? Non. Ce qui n'empêche pas l'affreux jojo d'attraper le petit sablé et de l'avaler vivement. Mais qu'est-il donc arrivé à cet enfant jusque-là si mignon ? Rien de grave, une phase inévitable de son développement : il est entré dans la crise d'opposition. À dix-huit mois environ, pour quelques semaines ou quelques mois, vous allez rencontrer votre première véritable épreuve éducative. Transitoire mais néanmoins éprouvante, elle va exiger de vous un mélange de patience, de compréhension et de fermeté, qui n'est pas toujours facile à équilibrer. Si vos « non » répondent aux siens, ce sera l'escalade conflictuelle. Si vous vous montrez impatiente ou énervée, l'enfant va persévérer dans l'attitude qui vous irrite et aller jusqu'à la colère. Que faire, alors ? D'abord, comprendre.

« Il dit non pour faire oui »

À cet âge, l'enfant commence à prendre conscience beaucoup plus nettement de sa petite personne et de son identité. Il tient à faire savoir qu'il a une volonté propre et des idées personnelles. S'opposer, c'est se poser, dire maladroitement que l'on existe. Ces « non » à tout ne sont pas toujours des refus réels. L'enfant peut refuser et faire quand même volontiers ce qui lui est demandé. C'est sa façon de dire : « Si je le fais, c'est que je le veux bien et non parce que tu me l'as demandé. J'ai ma volonté propre. »

Dire non, c'est s'affirmer

Dans un deuxième temps, l'opposition de l'enfant cesse d'être purement verbale. Il s'oppose dans les actes, allant jusqu'à l'épreuve de force s'il le faut. Toute maman qui a essayé, à huit heures du matin, pressée de partir à son travail, d'habiller un enfant de deux ans qui ne pense qu'à courir tout nu dans la maison, voit parfaitement ce que je veux dire. Je connais une petite Agathe qui déclenche de préférence ses crises en public, sur le trottoir ou au supermarché… Tout à son désir d'affirmer sa personnalité propre, encore incapable de se contrôler, l'enfant, à certains moments, se transforme en un monstre coléreux et ingérable.

Comment s'en sortir ?

Voici quelques pistes que vous pouvez explorer…

– Essayez de respecter profondément la naissance et l'expression de cette nouvelle personnalité, même si elle est éprouvante. La crise passera d'autant plus vite que vous l'aurez gérée dans la souplesse et non dans l'autorité.

– L'enfant a besoin de sentir en face de lui un adulte ferme, sûr de ses convictions, mais non sévère. Autant il est bon de se montrer intransigeant sur les points essentiels, autant vous gagnerez à n'interdire que les choses importantes. Pour le reste, faites preuve de souplesse et négociez.

– Ne l'écrasez pas, ne lui faites jamais perdre la face en public. Mieux vaut toujours chercher une solution « sans perdants ». « Tu as raison de vouloir cette sucette, elle a l'air délicieuse, mais je te la donnerai plutôt après le repas », « Je comprends que tu ne veuilles pas lâcher ton jeu pour venir dans le bain, alors je mets le compte-minutes sur dix, et tu viendras quand il sonnera. »

– Avec les plus jeunes, ne discutez pas. Prenez-les doucement par la main, et, tout en bavardant, emmenez-les là où vous le souhaitez, à table ou dans le bain.

– S'il dit non, c'est qu'il l'a entendu très souvent. La phase d'exploration où il est entré a entraîné une multiplication des interdits et des refus. Ce mot que les grands affectionnent, qui a le pouvoir de l'arrêter dans ses élans, il va le reprendre à son compte. Veillez à être plus positive dans vos expressions, et votre enfant vous imitera. Au lieu de : « Non, tu n'éclabousses pas », essayez plutôt : « C'est sûrement amusant pour toi, mais moi, il va falloir que j'éponge, alors je te demande de cesser d'asperger. »

Dans tous les cas, patience et souplesse, voix calme et décidée, sont vos meilleurs atouts. Vous verrez : tout s'arrangera en quelques mois.

Les interdits de sécurité

L'étape du « non » est si pénible avec certains petits enfants que les parents peuvent être tentés de lâcher prise et de renoncer à imposer leur volonté. Faire preuve de souplesse et ne pas tout transformer en rapports de force est certes une bonne idée. Une crise évitée, c'est un peu de paix gagnée. Mais l'enfant doit aussi apprendre à plier son désir à votre volonté, surtout lorsqu'il s'agit d'interdits concernant sa sécurité. Pas question de lui demander son avis pour donner la main quand il faut traverser ou quand il s'agit d'interdire de jouer avec les appareils électriques. Expliquez-lui la notion de danger, dites qu'il s'agit de le protéger, et ne discutez plus.

Entrer à l'école maternelle à deux ans

Bien des mères ne choisissent pas vraiment. Tristan est né en mars. L'école maternelle de son quartier refuse d'accueillir des enfants en cours d'année. Quant à la crèche où il est actuellement, elle « lâche » les enfants à trois ans pile. Conclusion ? Tristan ira à l'école à deux ans et demi. Le cas de Marianne est différent : après deux ans de congé parental, sa maman doit reprendre son travail. Quitte à se séparer de sa fille, celle-ci préfère habituer tout de suite Marianne à l'école, plutôt qu'à une assistante maternelle qu'elle devra quitter quelques mois plus tard. Fatima, elle, souhaite que son fils soit le plus tôt possible au contact d'enfants et d'enseignants français.

À deux ans, est-on prêt pour l'école ?

Mais entrer à l'école avant trois ans, est-ce bon pour l'enfant ? Certains de ces petits sont encore immatures. Ils ne sont pas encore tout à fait propres le jour ou à la sieste. Souvent, ils ne parlent pas assez bien pour comprendre ce qui leur est dit et exprimer leurs besoins. Ils ne savent pas toujours s'occuper d'eux-mêmes ni se défendre face aux plus grands. Leur besoin d'être maternés s'accommode mal de classes souvent très chargées où l'institutrice, malgré toute sa bonne volonté, ne peut donner à chacun de ses « tout-petits » le temps d'attention individuelle qu'il nécessite. Nous viennent en tête des images émouvantes d'un petit, perdu et effrayé, suçant tristement son pouce dans un coin de la cour de récré…

Lorsque l'accueil a été pensé pour lui

La plupart du temps, ces images sont dépassées. L'accueil des enfants de deux ans s'est beaucoup amélioré ces dernières années. Dans la plupart des écoles, des structures ont été spécialement conçues : ateliers où les enfants jouent librement sans être astreints à une réelle discipline, lits individuels où l'enfant peut laisser sa peluche, institutrices volontaires et motivées…

Si l'effectif de la classe est raisonnable, si le personnel est patient, compréhensif, permissif, attentionné, il n'y a pas de raison que chaque enfant, quel que soit son âge, n'y trouve une place où s'ébattre joyeusement et se développer. L'école offre aux enfants de deux à trois ans de riches possibilités de socialisation, de découvertes et de jeux. Elle lui permet de développer son langage et son autonomie, si bien que l'enfant y fait souvent de grands progrès. Stimulé, il re-crée, il invente, il se bâtit une personnalité dont il peut comparer les effets sur autrui.

Tout dépend de son « âge psychologique »

Finalement, ce n'est pas tant l'âge de l'enfant qui compte que son niveau de développement. Pour un enfant autonome, entreprenant, à l'aise dans son corps et dans le langage, ayant une bonne relation de confiance avec ses parents, il n'y aura sans doute pas de problèmes, passé les premiers jours. En revanche, un enfant pas assez mûr, même s'il n'est pas en souffrance, risque de ne tirer aucun bénéfice de sa scolarisation.

> **Les signes qui doivent alerter**
> Certains petits de deux ans s'adaptent mal. Attention : c'est le cas du vôtre si :
> – il régresse (recommence à faire pipi au lit, à parler bébé, etc.) ;
> – il se replie sur lui-même et se renferme ;
> – il se cramponne toute la journée à la maîtresse ;
> – il se sent rejeté, abandonné ;
> – il paraît anormalement fatigué en fin de journée ;
> – il fait de l'eczéma, des cauchemars, des angines à répétition ;
> – il pleure tous les matins, même quand son père l'emmène, depuis plus de trois semaines ;
> – la maîtresse s'inquiète pour lui.

Deux autres éléments vont être déterminants

D'abord, la manière dont l'enfant est préparé à cette première rentrée. Joëlle avait pu, avant les vacances puis de nouveau en septembre, visiter l'école avec Aubin dans les moindres détails. Ensemble, ils sont restés quelques heures dans la classe de sa future maîtresse, à regarder les enfants rire et jouer. Aubin, d'abord pas très chaud, s'est finalement montré désireux de se joindre à eux.

L'autre élément est le temps que l'enfant passe à l'école. Accueil du matin, plus classe, plus cantine, plus classe, plus accueil du soir… cela finit par faire des journées de dix à onze heures, morcelées, bien longues, bien trop longues. À chaque parent de réfléchir et de trouver sa solution. Certains demandent à une mère de la classe de prendre leur enfant pour déjeuner, d'autres trouvent une assistante maternelle pour l'après-midi ou bien une jeune fille qui récupère l'enfant à quatre heures et demie, d'autres enfin négocient avec leur employeur de ne travailler qu'à mi-temps pendant une quinzaine de jours… Bien des solutions sont envisageables, cette première année, pour alléger un peu la journée de l'enfant, ou pour simplement lui accorder un temps d'adaptation. C'est impossible ? Alors, expliquez pourquoi à votre enfant, avec beaucoup de tendresse : c'est la confiance en vous et la qualité de l'accueil qui l'empêcheront d'interpréter ces longues journées comme de douloureuses séparations.

Si votre choix est finalement de mettre votre enfant de deux ans à l'école à la prochaine rentrée, ne vous culpabilisez pas. Préparez-le, rassurez-le, et sachez que les statistiques sont formelles : plus un enfant a fait d'années de maternelle et plus sa scolarité future a de chances de bien se dérouler !

L'enfant qu'on égare...

Demandez aux adolescents autour de vous : tous se rappelleront avoir échappé à la surveillance de leurs parents au moins une fois et s'être retrouvés seuls dans la foule. Demandez aux parents : tous ont vécu un épisode parallèle. Égarer son enfant est une des expériences les plus fréquentes, mais les plus terrifiantes également. L'enfant, le plus souvent âgé de trois à sept ans, qui réalise qu'il est seul dans un lieu inconnu peut ressentir un grand sentiment d'angoisse et d'abandon. Pour les parents, c'est un moment terrible de panique absolue. Chaque minute sans nouvelles dure des heures. Heureusement, la quasi-totalité des enfants égarés sont retrouvés sains et saufs dans les instants qui suivent. Mieux vaut cependant éviter cette situation si l'on peut, et savoir comment réagir si cela arrive.

Les situations « à risque » sont connues : ce sont tous les endroits où il y a foule, quand la curiosité de l'enfant est très sollicitée et lorsque les parents ont les mains occupées ou l'attention retenue ailleurs. Centre commercial (surtout le samedi ou en période de Noël !), parc de loisirs, marché, etc. Essayer d'éviter au maximum ces situations ne protège pas de tout. Mais alors, comment préparer l'enfant au fait de se retrouver séparé de nous ? Il ne s'agit pas de l'effrayer en faisant état des dangers courus, mais de lui donner une stratégie à laquelle se raccrocher si nécessaire.

Une préparation à long terme…

Même très jeune, un enfant peut apprendre par cœur son nom, son adresse et son numéro de téléphone. Avec cela, on n'est jamais tout à fait perdu… Dès qu'il en est capable (souvent plus tôt qu'on ne croit), on peut apprendre à un jeune enfant à téléphoner. Grâce aux cartes France Télécom, il peut appeler de tous les téléphones publics sans argent, simplement en mémorisant une suite de chiffres (ou une position des doigts sur le clavier numérique). Il peut aussi apprendre simplement à composer le numéro d'urgence et à expliquer ce qui lui arrive. N'ayez pas peur d'entraîner votre enfant comme s'il s'agissait d'un jeu, jusqu'à ce que vous soyez sûre qu'il maîtrise la manœuvre, et de recommencer de temps à autre afin qu'il ne l'oublie pas. Beaucoup d'enfants se perdent dans leur propre quartier, sur le chemin de l'école, du parc ou des courses. Pour éviter cela, aidez-le à se repérer aussi longtemps que nécessaire : « Tu vois, pour aller à la boulangerie, on tourne au coin de la rue, puis on passe devant la pharmacie… » Faites-en un jeu : « Cette fois, c'est moi qui te suis : tu me guides jusqu'à la maison. »

Le jour de la balade…

Habillez votre enfant avec un anorak ou un pull de couleur vive, un bonnet rigolo : vous le repérerez plus facilement dans la foule et les gens le remarqueront davantage.

Une maman m'a raconté qu'elle utilisait un petit sifflet, suspendu à son cou. Quand elle ne voyait plus ses enfants, trois petits coups brefs les rappelaient à l'ordre et leur indiquaient la direction à suivre pour la rejoindre. Pourquoi ne pas essayer ?

Dès l'arrivée dans le lieu public, prévoyez un point de rendez-vous. Prenez le même chaque fois que vous allez à cet endroit, et redites chaque fois : « Si on est séparés, on se retrouve devant la première caisse. » Vérifiez que votre enfant est capable de s'y rendre.

Lorsque l'endroit est inconnu de l'enfant ou qu'il s'agit d'un déplacement, la meilleure consigne est : « Si on est séparés, tu restes sur place ; c'est moi qui viens te rechercher. » Il est en effet bien plus compliqué de se chercher à deux, et l'enfant risque de s'éloigner beaucoup. N'hésitez pas à redonner chaque fois la même consigne. Le jour où Catherine s'est retrouvée dans une rame du métro et qu'elle s'est aperçue avec horreur que Martin, quatre ans, était encore sur le quai, elle s'est félicitée d'avoir été très claire : elle est descendue à la première station, a repris le métro dans l'autre sens, pour retrouver Martin, assis sur un banc, à peine inquiet : « Je savais que tu allais revenir, alors j'ai pas bougé. » Expliquez à votre enfant à qui il peut demander de l'aide. Même si presque tous les gens sont honnêtes et de bonne volonté, mieux vaut qu'il s'adresse en priorité à une personne derrière un comptoir, à un agent de police ou à une maman avec des enfants.

Et quand vous le retrouvez…

Votre petit a eu assez d'émotions comme cela : ce n'est ni le moment de vous fâcher ni celui de lui faire des reproches. Gardez vos leçons pour plus tard. Il est juste temps de faire un gros câlin et de savourer la joie des retrouvailles.

Vous croisez un enfant perdu…

Vous trouvez sur votre chemin un petit enfant manifestement égaré. Quelle conduite tenir ? Rassurez l'enfant verbalement ; essayez de lui faire dire son nom. Ne l'emmenez nulle part (la mère va sûrement revenir sur ses pas). Envoyez un autre adulte faire une annonce, prévenir le poste de surveillance ou rechercher les parents. Si possible, restez auprès de l'enfant jusqu'à leur arrivée.

Comment répondre à leurs « pourquoi » ?

« Dis, Maman, pourquoi les avions ne tombent pas ? », « Pourquoi les feuilles deviennent rouges ? », « Pourquoi je suis une fille et pas un garçon ? », « Pourquoi la mouche elle bouge plus ? », etc. Dès que l'enfant commence à bien manier le langage, il s'en sert pour découvrir le monde et savoir comment il fonctionne. Ses questions s'enchaînent les unes aux autres jusqu'à l'épuisement des parents. Comment trouver les mots pour faire comprendre des notions parfois complexes ?

Comment ne pas se lasser parfois de cet échange permanent que demande l'enfant ? Peut-être en se souvenant que les questions de l'enfant témoignent de son niveau de réflexion et de son évolution. Par les réponses des adultes qui sauront satisfaire et relancer sa curiosité, c'est l'ensemble de son développement qui sera favorisé.

La manière de répondre a son importance

Ce n'est pas toujours facile, loin de là, de trouver les mots pour répondre. Voici quelques conseils qui vous aideront à traverser au mieux cette période des « pourquoi ».

– Répondez de façon brève, concrète, avec des mots simples que l'enfant connaît. Les réponses trop longues le lassent vite. Le niveau de la réponse dépend bien sûr de la matu-

rité de l'enfant. S'il veut plus de détails, il vous en demandera, ou bien il reviendra un autre jour sur le même sujet.
– Montrez-vous toujours heureux de partager avec lui vos connaissances.
– Chez les plus jeunes, il arrive que la « machine à questions » s'emballe et devienne un jeu auquel on ne peut plus répondre. L'enfant a trouvé là une manière d'attirer l'attention, ou de retarder le moment du coucher. Il enchaîne les « pourquoi » sans même écouter les réponses, pour les mener jusqu'à l'absurde, à la manière du jeu de langage « Marabout – bout de ficelle… ». Vous avez le droit de dire « Stop ! La suite des questions demain ! ».
– Ne vous moquez jamais de l'ignorance de l'enfant, ni de ses fausses conceptions : mettez, dans vos réponses, le même sérieux que l'enfant dans ses questions.
– Ne vous croyez pas obligée d'avoir réponse à tout. « Je ne sais pas » est une réponse acceptable si elle n'est pas systématique. Il est même très formateur pour l'enfant de savoir que ses parents ont encore des choses à découvrir. On peut alors aller ensemble chercher la réponse dans l'encyclopédie ou interroger quelqu'un d'autre qui connaîtrait la réponse.
– Il est toujours intéressant de saisir l'occasion de cette curiosité pour tenter de comprendre ce que sont les conceptions de l'enfant et quelles idées il peut bercer dans son imaginaire. Aussi, avant de répondre, amusez-vous parfois à découvrir ce que l'enfant a en tête : « Et toi, qu'en penses-tu ? Comment crois-tu qu'il va sortir, le bébé ? » Puis : « Oui, c'est une idée, mais en fait les choses se passent un peu autrement… »
– Plus l'enfant grandit, plus ses questions vont gagner en profondeur et en maturité. Elles vont concerner la mort, la sexualité, le divorce, Dieu. Une seule consigne : ne mentez jamais. Ne dites pas tout, dites avec des mots simples, mais dites vrai. La confiance qu'il a en vous dépend de cette franchise.

– Certaines questions mettent mal à l'aise : elles n'en sont pas moins légitimes. La télévision et l'école mettent l'enfant en contact avec des réalités que vous auriez préféré aborder plus tard. Dites-vous bien que s'il a l'âge des questions, il a aussi celui des réponses. Tant mieux s'il préfère se renseigner auprès de vous. Dites votre gêne avec simplicité. Certains livres pour enfants, très bien faits, aident à aborder avec eux les questions délicates.

– « Moi je pense comme ceci, mais d'autres pensent autrement. Et toi, qu'en penses-tu ? » est une réponse importante pour l'enfant, car elle relativise ce qui est de l'ordre de la croyance et non de la connaissance, comme la morale personnelle, le sens de la mort ou l'existence de Dieu. C'est une réponse qui inclut l'enfant dans la culture familiale, mais qui lui laisse aussi la possibilité de réfléchir de son côté pour se forger ses propres idées.

En résumé, soyez vraie, disponible, simple, quitte à dire parfois : « À cela, il n'y a pas de réponse. Tu devras trouver la tienne. »

Et si on a dit une bêtise ?

Tout est rattrapable. Si, à l'enterrement de sa mamie, votre enfant vous a demandé : « Pourquoi elle est dans la boîte, mamie ? » et que vous ayez répondu : « Elle dort et elle ne se réveillera plus », il se peut que vous ayez constaté que votre enfant a, depuis, quelque réticence à aller se coucher… Reprenez la question avec lui, afin de mieux vous expliquer : non, la mort n'est pas comme le sommeil et il peut s'endormir tranquille.

Pour que se laver soit un plaisir…

Pour certains enfants, se laver est une vraie corvée. Interrompre son jeu, se déshabiller et risquer d'avoir froid, se mouiller, se savonner au risque de sc piquer les yeux… ils ont tout cela en horreur. Si c'est le cas de votre enfant, refusez tout d'abord d'en faire une obsession et de vous bagarrer tous les soirs. Ce n'est pas bien grave si votre enfant ne s'est pas lavé un jour. Un bain moussant, où l'enfant joue un quart d'heure sans se savonner, peut suffire de temps en temps. Évitons donc les conflits qui ne sont pas indispensables.

Quand on le peut, on agit par le jeu et la ruse
Mieux vaut agir plus subtilement. Laurence, mère de Thomas, trois ans, et de Tristan, cinq ans, ne parvenait pas à obtenir d'eux qu'ils se lavent les mains avant de passer à table. Comme rien n'y faisait, elle a décidé d'aborder la difficulté autrement. Pour l'aîné, elle « récompense » la propreté : quand il s'est lavé les mains spontanément, il peut par exemple choisir le parfum de son yaourt au moment du dessert. Quant au plus jeune, elle lui demande tout simplement de laver un petit jouet ou sa timbale avec un peu de liquide vaisselle très doux : il s'amuse et ses mains sont lavées de surcroît.

De l'importance des accessoires

Agir en souplesse « marche » aussi en ce qui concerne la toilette. Un enfant se lavera toujours plus facilement s'il possède pour cela ses propres accessoires amusants qu'il aura choisis avec vous. Vous voulez qu'il se frotte ? Un gant Mickey ou une éponge-fraise l'y inciteront. Il se servira plus volontiers du savon si vous craquez pour une forme de tortue ou un savon liquide à la pomme (l'essentiel est, comme pour le shampooing, qu'il ne pique pas les yeux). Le bain l'amusera davantage s'il peut choisir entre des sels de bain à la lavande et des boules multicolores.

Se laver pour être propre n'a pas pour votre enfant la même importance, loin s'en faut, que pour vous. Faites donc de la toilette un moment agréable, et l'enfant s'y prêtera volontiers. Pour cela, il a sûrement besoin d'eau bien chaude, d'un tapis de baignoire pour ne pas glisser et peut-être d'un petit radiateur de salle de bain. Il appréciera que vous lui permettiez d'être autonome en soignant les détails concrets : robinets faciles à régler, marche-pied devant le lavabo, etc. Enfin, pour ce qu'il considère comme une corvée, l'enfant a souvent besoin qu'on l'entraîne. Lavez-vous ensemble les mains, les dents et la figure, pour la petite toilette du matin ou au moment des repas : vous verrez que l'exemple est déterminant.

Les routines commencées très tôt sont celles qui ont le plus de chances de devenir automatiques et qui susciteront le moins d'opposition. Si, depuis sa naissance, le bain est une habitude et un plaisir de chaque soir, il y a moins de risques que votre grand de huit ans décide soudain d'y échapper. Dès l'âge de trois ans, l'enfant est capable de se laver seul dans la baignoire, si on lui a appris comment s'y prendre et les petits coins à ne pas oublier (ce n'est pas une raison pour quitter la pièce). Dès cinq ans, il peut se doucher seul si vous réglez l'eau pour lui.

Au fil des années, se laver le soir (ou le matin, selon l'habitude choisie) devient ainsi une règle qui ne se discute plus, mais qui s'apprécie toujours : commentez avec un : « Comme tu sens bon ! Que c'est agréable, un petit enfant tout propre ! » Il renâcle encore ? Faites-lui fermement comprendre que son feuilleton favori de fin d'après-midi ne peut se voir que lavé, en pyjama…

Peut-on se baigner avec ses enfants ?

Certains parents continuent à prendre leur bain avec leur enfant alors que celui-ci est déjà « un grand ». Il peut y avoir un vrai plaisir à partager ce moment de détente et d'intimité. Pourtant, vers l'âge de deux ou trois ans, l'enfant peut se sentir gêné de voir ses parents nus. Sa curiosité, réelle, peut aussi mettre l'adulte mal à l'aise. Il est alors temps de se laver chacun de son côté. Ce qui ne signifie pas qu'il faille ne plus jamais se montrer nu. Un équilibre est à trouver, propre à chaque famille.

Il a un défaut de prononciation

« Moi ze veux un bonbon ! », « T'as vu le zoli sa ? » À trois ans, c'est rigolo. Les parents constatent avec amusement que leur petit dernier a un cheveu sur la langue, ils l'imitent pour rire ou le reprennent vaguement, convaincus que cela passera tout seul. Mais ce n'est pas toujours le cas : il arrive que le trouble, au contraire, se maintienne ou s'aggrave. Pourquoi certains enfants prononcent-ils bien et d'autres non ? Comment peut-on intervenir ? Tout dépend du type de défaut, nous allons le voir. Mais, dans tous les cas, certains conseils généraux ont fait leurs preuves.

Pour l'enfant « apprenti-parleur » (entre dix-huit mois et quatre ans)
– Parlez souvent avec votre enfant, d'une voix claire et avec des mots simples, de sujets qui le concernent directement. Nommez ses expériences et commentez-les.
– Prenez le temps d'écouter votre enfant et faites sérieusement l'effort de le comprendre, même si c'est difficile. Posez-lui des questions dont la réponse n'est pas oui ou non, pour l'inciter à s'exprimer.
– Lisez-lui régulièrement de petites histoires, en modulant votre voix pour « mettre le ton ».
– Soyez attentive à la moindre défaillance auditive de votre enfant (en cas de doute, faites contrôler son audition).

L'attitude face à l'enfant plus grand, vers trois ou quatre ans, qui présente un défaut de prononciation est également très importante.

— Ne vous moquez jamais de votre enfant.

— Ne vous mettez pas à parler comme lui, croyant ainsi être mieux comprise (« biberon » devenant « bibon » pour tout le monde, par exemple).

— Ne lui faites pas répéter les mots jusqu'à ce qu'il les prononce correctement. Il aurait l'impression, à juste titre, que vous vous préoccupez moins de ce qu'il dit que de la manière dont il le dit.

— Contentez-vous de reprendre, dans votre réponse, la formulation ou la prononciation correctes. Ainsi il enregistre, à chaque fois, de manière indirecte, la bonne façon d'articuler le mot.

Voyons maintenant quelles sont les difficultés que peut rencontrer l'enfant qui ne souffre d'aucun trouble auditif ou neurologique.

Le trouble de l'articulation

Il s'agit d'une déformation phonétique systématique (l'enfant zozote ou supprime les r par exemple). Ce trouble est banal et fréquent jusqu'à l'âge de cinq ans : inutile de s'en préoccuper trop, sauf dans les cas graves. Il cède parfois spontanément, d'autres fois il dure. Survenant dès les premiers mots de l'enfant, le zozotement est souvent dû à une simple exploration des différents sons, mais il peut aussi avoir des raisons anatomiques (volume de la langue, succion du pouce, malformations dentaires).

Un trouble de l'articulation, s'il est isolé, est bénin. Traité, il cède facilement. Le but de la rééducation orthophonique est d'installer le bon mouvement articulatoire. Cela se fait par des petits jeux de langage, et des exercices progressifs.

Quand consulter l'orthophoniste ?

La plupart des troubles ont toutes les chances de disparaître si on laisse la parole de l'enfant évoluer naturellement. Inutile donc, dans les cas les plus courants, d'intervenir trop tôt. Mais, si on attend trop, le problème peut devenir plus complexe. C'est pourquoi on conseille généralement de commencer par un bilan, puis d'entamer la rééducation, si elle se révèle nécessaire, vers l'âge de quatre ans et demi ou cinq ans. Cela donne une bonne année pour arranger les choses avant l'entrée au Cours préparatoire. Il ne faut pas oublier qu'une bonne maîtrise de l'oral donne un maximum de chances à l'enfant pour aborder l'écrit.

Le retard de parole

Bien qu'il ait trois ans et demi ou quatre ans, l'enfant continue à « parler bébé ». On le comprend mal parce qu'il saute des syllabes, de préférence à la fin des mots, et que les consonnes sont souvent mal articulées. Mais son niveau de vocabulaire est correct. L'enfant ne parle pas toujours comme cela, mais son défaut s'aggrave dans des circonstances particulières, ou bien lorsqu'il est fatigué. Les causes du retard de parole sont variées : le petit enfant ne fait aucun effort, parce que tout le monde à la maison comprend parfaitement son charabia ; les parents manifestent un désir très fort que leur enfant parle et celui-ci transforme cette pression en anxiété ; l'enfant est très entreprenant, actif, il s'intéresse peu au langage ; il s'agit d'un « petit dernier » que personne n'a envie de voir grandir trop vite… Souvent, la fréquentation scolaire améliore bien les choses, car l'enfant a besoin du langage pour y faire sa place. En cas de doute, un bilan orthophonique fera le point sur les capacités et les acquis de l'enfant, déterminant s'il a besoin ou non d'une rééducation. Celle-ci abordera différents points : une sensibilisation aux sons de la parole, à ses rythmes, ainsi que la reconnaissance du bruit produit par chaque son.

La conquête du langage est une longue route, parfois encombrée d'obstacles. Si vous avez un doute sur la capacité de votre enfant à les franchir, n'hésitez pas à prendre les conseils d'un professionnel. Le plus souvent, il vous rassurera et vous pourrez alors laisser le temps faire tranquillement son œuvre.

Il ne sait pas jouer tout seul

Tous les petits enfants requièrent la présence des adultes pour jouer avec eux. Mais ils ont un égal besoin d'avoir du temps à eux, en marge du temps partagé. Ces moments solitaires sont importants pour entraîner et assimiler les nouvelles compétences, ainsi que pour rejouer et donner du sens à ce qui a été vécu dans la journée. Pourtant, certains enfants réclament sans arrêt une présence ou une intervention et semblent incapables de jouer tout seuls, ce qui finit par être éprouvant pour les parents.

Même s'il affirme haut et fort « moi tout seul » lorsqu'on veut l'aider, Maxime, trois ans, se montre encore très dépendant sur le plan de ses activités. Sabine, sa maman, se sent dévorée par ses demandes incessantes. Elle aimerait l'inciter à plus d'autonomie, mais sans pour autant le repousser ou lui faire de la peine. Comment s'y prendre ?

D'abord, comprendre pourquoi certains enfants ont du mal à jouer tout seuls

Si l'enfant a l'impression qu'il ne voit pas assez ses parents et qu'il n'a pas assez de temps de partage et de jeu avec eux, il aura tendance, lorsqu'ils seront là, à réclamer leur intervention dans toutes ses activités. Le terme « assez » est évidemment difficile à évaluer : les enfants ont des besoins différents. L'essentiel, c'est que l'enfant se sente suffisamment aimé et intéressant, qu'il soit sûr que ses parents sont là quand il a besoin d'eux, à la fois au quotidien et dans le long terme.

Une autre raison qu'ont les jeunes enfants de ne pas savoir jouer seuls tient à leur mode de vie. Ceux qui sont allés à la crèche (et dans une moindre mesure chez une assistante maternelle), puis à l'école maternelle, ont toujours eu à leur disposition quelqu'un pour jouer avec eux. En collectivité, les activités sont conçues pour le groupe, même si chaque enfant peut s'y insérer à sa façon. À chaque minute de la journée, une activité est organisée, dans laquelle un adulte et des copains sont à la disposition de l'enfant pour l'accompagner dans son jeu. Il s'attend à avoir la même chose à la maison.

Enfin, certains enfants, parce qu'ils traversent un moment difficile, ne se sentent pas en sécurité et sont très demandeurs de la présence de l'adulte. Temporaire, cette attitude passe si les adultes font confiance à l'enfant et savent le rassurer sans le couver.

Ensuite, choisir sa stratégie

La seconde chose à faire consiste à choisir, parmi ces différentes stratégies, celles que l'on décidera d'appliquer, afin d'inciter l'enfant à plus d'autonomie dans ses jeux.

– Définissez un ou deux moments dans la journée, par exemple le soir avant le coucher, où l'enfant sait qu'il aura votre attention complète pour lui tout seul et qu'il pourra jouer avec vous. Ces rendez-vous réguliers, qui feront vite partie de la routine quotidienne, sécuriseront l'enfant et deviendront vite très importants pour lui, compensant votre manque de disponibilité. Il les attendra avec impatience.

– Si vous n'êtes pas disponible pour jouer avec votre enfant au moment où il vous le demande, apprenez-lui à patienter jusqu'à ce que vous le soyez. Donnez-lui par exemple rendez-vous « après le bain », ou bien mettez le compte-minutes en route. Mais quand c'est l'heure, ne lui faites pas faux bond !

– Permettez à votre enfant d'apporter un jouet, comme un puzzle par exemple, et de s'installer près de vous. Il est fréquent que l'enfant ait besoin de la présence de l'adulte, mais non de sa participation active. Rassuré d'être à vos côtés, il pourra jouer un long moment sans vous déranger dans votre occupation.

– De la même façon, vous pouvez aussi initier des « jeux » qui ne vous gênent pas dans vos activités. Par exemple, proposez à votre enfant de donner le bain à sa poupée dans l'évier pendant que vous préparez le repas, ou encore organisez une « chasse aux trésors » dans la cour (chercher les petits bonbons qui y sont cachés) pendant que vous jardinez.

– Si votre enfant n'a pas de chambre à lui, offrez-lui la possibilité d'avoir un coin personnalisé, un espace privé où il se sente chez lui, à l'abri des regards. Cela encourage le jeu solitaire, l'incitant à inventer, à faire semblant et à parler tout seul.

– Mettez à sa libre disposition un grand nombre d'objets qui favorisent la créativité : blocs de papier, crayons, colle, etc. Arrangez-vous aussi pour que beaucoup des jouets de

---

Les bons jouets pour l'inciter à jouer seul

• Les jouets qui permettent d'aboutir à un résultat « présentable » à maman : le puzzle, le jeu de construction, le coloriage ou le dessin, etc.

• Les jeux d'imitation et d'invention : poupée, dînette, petite voiture, etc. Ils demandent souvent, pour durer, des interventions ponctuelles mais brèves.

• La petite maison (grand carton aménagé, dessous de table sous une nappe…).

• L'ordinateur. On trouve aujourd'hui des logiciels pour les petits, même non lecteurs, très bien faits, et qui les captivent longtemps.

• Attention : la télévision, même si elle fait patienter l'enfant seul, n'est pas un jouet. Elle favorise au contraire la passivité. En user avec modération.

l'enfant soient en libre accès. Il peut ainsi initier un nouveau jeu à tout moment sans avoir besoin d'une intervention ou d'une autorisation.

– Invitez des copains. L'enfant qui ne sait pas jouer seul
peut souvent très bien organiser des jeux avec un ou plusieurs autres, comme il le fait à la crèche ou à l'école. Attention : l'ambiance n'est pas toujours de tout repos !

C'est parce que l'on a globalement renforcé son sentiment
d'indépendance et de sécurité que l'enfant accepte progressivement de jouer seul. C'est pourquoi il est important
de l'y inciter, en initiant parfois l'activité avec lui, de l'encourager et de le féliciter chaque fois qu'il y parvient.

Une poupée,
c'est plus qu'un jouet

Les styles de poupées et les matériaux qui les composent se sont beaucoup développés dans les dernières années. Plus variés, plus doux, plus tendres. À chaque âge, à chaque sexe, à chaque occasion, sa poupée.

Une poupée pour chaque âge
Dès la naissance de bébé, on aime glisser dans son lit des objets tout doux, tout moelleux. Peluches très souples, petits poupons d'éponge, poupées de nylon légères comme des plumes d'ange. Dès que le bébé en sera capable, il pourra les agripper facilement car ils sont faciles à tenir. S'il s'endort dessus, il n'en sera pas gêné. Il peut même les mâchouiller : un passage dans le lave-linge leur rendra un air de jeunesse ! Ces objets ne sont pas à proprement parler des poupées et aucun souci de réalisme ne les anime, mais leur rôle est important auprès du bébé qui prend plaisir à les manipuler. Vers sept ou huit mois, le bébé traverse une phase que les psychologues nomment l'angoisse de séparation. L'enfant a soudain plus de mal à rester seul dans une pièce ou à s'endormir dans sa chambre, et réagit lorsque son père ou sa mère le déposent chez l'assistante maternelle ou à la crèche. Pour se sentir plus fort et pour se consoler, l'enfant va adopter un objet qu'il traînera partout et qui le protégera de l'in-

connu ou de la peine. Cet objet doux, odorant et adoré, peut être une poupée de tissu ou un personnage d'éponge, mais aussi une peluche, un tissu, ou tout autre objet que l'enfant aura adopté. La relation affective avec ce « doudou » sera très forte, mais encore bien différente de ce qu'elle sera avec la première vraie poupée.

La première « vraie » poupée

Le besoin de celle-ci commence à se faire sentir vers dix-huit mois ou deux ans, au moment où démarrent les jeux d'imitation. L'enfant s'intéresse maintenant au corps de la poupée et il est nécessaire qu'elle ait des yeux, un nez, des mains, des pieds. Vers deux ans, l'enfant va s'occuper de sa poupée comme d'un vrai bébé : il va la nourrir, la bercer, la gronder, la coucher, la câliner. Vers trois ans, il ne la quittera plus. C'est par tous ces jeux qu'il va commencer à apprendre le monde des adultes. Il lui faut donc une poupée qui soit un vrai bébé et qu'il puisse manipuler aisément, même avec des petites mains maladroites.

Comment la choisir ?

On peut hésiter entre la poupée classique, celle qui ressemble à l'enfant lui-même, au corps en tissu ou en plastique, et le baigneur, plus « bébé ». Celui-ci présente l'avantage de pouvoir suivre sans risque l'enfant dans le bain et participer à ses jeux de « patouille ». Le choix sera bon si l'on suit quelques règles simples :
– Il faut que la poupée soit légère et d'une taille adaptée à celle de l'enfant, comme le bébé dans les bras de sa mère.
– L'enfant appréciera que sa poupée ait des cheveux, un visage avenant et qu'elle ferme les yeux quand elle dort.
– Elle doit être d'un maniement aisé : articulations souples, habillage facile, posture assise possible.
– Le prix correspond souvent à la qualité. Si vous voulez que l'enfant puisse s'attacher durablement à sa poupée, choisissez-en une qui durera longtemps.

– La poupée n'a pas besoin de fonctions : c'est avec une poupée simple que l'enfant donnera libre cours à son imaginaire et à sa fantaisie. Si la poupée prononce des phrases, si elle dit « maman » par exemple, la petite fille ne pourra jouer qu'à être sa mère. Si la poupée ne dit rien, elle pourra être le bébé, mais aussi l'élève, la malade, la petite sœur, etc. Il paraît donc souhaitable de privilégier les jouets les plus simples : moins le jouet en fait par lui-même, plus l'enfant pourra être acteur de son propre jeu.

Et si votre fils vous réclame une poupée ?

Offrez-la-lui sans inquiétude. Ses raisons peuvent être multiples : le plaisir évident des petites filles à ce jeu ; ou bien le désir d'imiter sa maman (ou son papa) avec le nouveau bébé ; ou bien encore, enfant unique, il souhaite une compagnie. Ce qui compte, c'est qu'il se sente bien en tant que garçon et non pas le jeu en lui-même qui serait spécifique d'un sexe ou de l'autre. Il apprend son rôle futur : les nouveaux papas ne s'occupent-ils pas des bébés ? Alors, offrez-lui un baigneur sexué garçon, comme lui, sans voir l'ombre d'un problème où il n'y a qu'un désir légitime.

Est-il un enfant précoce ?

Beaucoup d'enfants ont un talent particulier qu'il est bon de connaître et de valoriser. En revanche, d'autres sont nettement en avance sur leur âge dans presque tous les domaines : langage, logique, apprentissages, capacités physiques et créatives, etc. Ils représentent environ 5 % de la population enfantine : ce sont ceux que l'on appelle les enfants précoces. Ces enfants ont un quotient intellectuel (Q.I.) particulièrement élevé. Ils se caractérisent par leur précocité intellectuelle, ce qui signifie qu'ils sont plus rapides que leurs camarades dans les domaines de l'esprit : ils lisent plus tôt, comprennent plus vite, etc.

Comment reconnaît-on un enfant précoce ?
Bien des parents se posent la question devant un enfant en avance ou qui semble particulièrement intelligent. Leur rôle est effectivement primordial, aussi bien dans le repérage de la précocité que dans l'éducation de leur enfant doué.
Le portrait idéal de la petite fille ou du petit garçon précoce est celui d'un enfant vif, qui réussit sans effort, doté d'une excellente mémoire, créatif, curieux, passionné et capable d'une grande concentration. Mais tous n'ont pas d'emblée cette aisance. Différents des autres, les enfants précoces se repèrent assez facilement à certaines caractéristiques qu'ils ont en commun. À vous de savoir si votre enfant possède plusieurs de ces traits.

– Il a parlé de bonne heure et possède un vocabulaire étendu.

– Il a appris à lire avant le cours préparatoire. Il lit beaucoup et rapidement. Il est passionné par les dictionnaires et les encyclopédies.

– Curieux de tout, il pose beaucoup de questions originales et adore résoudre des problèmes. Il a un avis, volontiers critique, sur tout.

– Il a un grand pouvoir d'attention, d'observation et de concentration.

– Il aime la compagnie des adultes et des enfants plus âgés.

– Il a un sens de l'humour très développé.

– Il est sensible à l'injustice et ressent de la compassion pour autrui.

– Il est énergique, indépendant, solitaire et imaginatif.

– Il a une faculté de raisonnement et de logique étonnante.

Le bilan psychologique

Les psychologues installés en cabinet sont habilités à faire passer des tests aux enfants. En plus des tests de développement mental (anciennement tests de Q.I.), ils feront généralement passer des tests de personnalité, afin de juger du niveau de maturité général et de l'équilibre psychique de l'enfant. Il est en effet indispensable, pour prendre une décision éducative ou scolaire, de tenir compte de tous les paramètres et pas seulement des aptitudes intellectuelles. Le but de toute démarche est le bien-être et l'épanouissement global de l'enfant.

Les risques d'une telle précocité

L'enfant réellement précoce a besoin d'être aidé dans son développement. Ce qui semble une chance peut se révéler être un handicap si l'enfant n'est pas reconnu pour ce qu'il est. Comme disait Baudelaire de l'*Albatros*, « ses ailes de géant l'empêchent de marcher ». Plus l'enfant est différent de la moyenne des enfants de son âge, et plus le risque de voir apparaître des troubles du comportement est grand.

Comme il se développe plus vite que ses camarades et qu'il a souvent des idées bien à lui, l'enfant précoce a du mal à se faire des amis. Ceux de son âge lui semblent bien jeunes et ceux avec qui il pourrait discuter le regardent comme un bébé. Si bien que l'enfant précoce se retrouve tout seul, ou privilégie la compagnie des adultes.

Il s'ennuie tellement en classe, quand la maîtresse répète pour la troisième fois ce qu'il a compris à la première, qu'il finit par chahuter et embêter tout le monde, quand il ne se met pas complètement en retrait. C'est le cas de Marine : sentant que son enseignant n'aimait pas voir « une tête qui dépasse », elle a inhibé totalement ses compétences. Elle s'est repliée dans ses rêveries au fond de la classe et a fini par perdre une année.

Enfin, même s'il est en avance dans sa tête, l'enfant précoce a bien son âge dans son cœur. À huit ans, c'est encore un petit enfant, qui raisonne déjà comme un grand. Si bien que ses besoins affectifs le font parfois paraître immature. Comme Matthieu, qui se pose déjà des questions métaphysiques sur l'origine de l'homme, et qui compense son anxiété en suçant son pouce.

Comment l'élever ?

Si votre doute se confirme, il est important que vous consultiez un psychologue qui fera passer des tests à votre enfant. Il saura aussi vous conseiller sur la conduite éducative à tenir. Parfois, un saut de classe peut être souhaitable : cela oblige l'enfant à faire des efforts et entretient sa motivation scolaire. En France, il n'existe, dans l'enseignement public, quasiment aucune filière spécialisée réservée aux enfants précoces. Mais il n'est pas sûr du tout qu'il faille les regrouper et les isoler. Un enfant, même précoce, est d'abord un enfant comme les autres : il doit pouvoir trouver sa place à l'école en y faisant, comme chacun, respecter sa différence. Élever un enfant différent n'est jamais facile ; cela demande de la patience et de la disponibilité. L'enfant précoce est exigeant et souvent fragile. Pour faire face à sa curiosité intellectuelle insatiable, vous pouvez inscrire votre enfant dans un club informatique, à un cycle de conférences ou à des cours de langues pour enfants. Mais ce qui lui fera le plus grand bien sera d'être mêlé à des enfants de son âge dans des domaines où il ne sera pas forcément le meilleur : sport, théâtre, activité artistique, etc. Il verra que tout ne passe pas par l'intelligence logique et apprendra à développer amitié et solidarité.

Pourquoi est-il grognon ?

Maryse n'en peut plus. Cela fait plus de trois heures que Thibault, quatre ans, pleurniche. D'abord, c'étaient ses haricots qui ne lui convenaient pas : il voulait des pâtes. Puis cette sieste qu'il n'a pas voulu faire : il a geint derrière la porte de sa chambre jusqu'à ce que sa maman craque. Maintenant, c'est la promenade, mais il s'assied par terre et ne veut plus marcher : il a trop chaud, il est fatigué. Ses plaintes sont tellement usantes que Maryse se dit qu'elle préférerait que Thibault fasse une bonne colère et qu'on n'en parle plus. Mais voilà, lui a choisi une autre façon de s'exprimer…

Certains enfants paraissent ainsi : jamais contents, d'accord sur rien, réfractaires à toute suggestion, fuyant toute nouveauté. Capables de « chouiner » pendant des heures, ils finissent fatalement par rendre l'ambiance générale assez tendue. On les voudrait tellement insouciants et gais… Que peut-on faire pour les aider à évoluer ?

– La première chose est d'essayer de comprendre ce qui se passe. L'enfant qui se transforme de « Joyeux » en « Grincheux » traverse sans doute une phase difficile. Il s'exprime comme un bébé qui chercherait à attirer attention et pitié. Que s'est-il passé dans sa vie qui expliquerait un tel changement, à la maison ou au-dehors ? Si cet état est transitoire, de la patience, de la compréhension et de la bonne humeur en viendront à bout.

Pour d'autres enfants, ce caractère a toujours été plus ou

moins le leur. Ce sont souvent des enfants sensibles. Anxieux, ils aiment la routine, les habitudes, le calme et détestent les changements, la nouveauté. La faim et la fatigue les perturbent, ainsi que le moindre bobo. Ils captent toutes les vibrations négatives de leur environnement. Ces enfants ont grand besoin d'un adulte disponible, protecteur et sécurisant. Dites-vous que le « sérieux » dont ils font preuve est un gage pour l'avenir !

– Pleurnicher est souvent, pour un enfant, une manière d'attirer l'attention et la reconnaissance. C'est la force des faibles. Si c'est le cas du vôtre, demandez-vous honnêtement s'il a chaque jour le temps de câlins et de jeux dont il a besoin en famille. Peut-être que vous ne vous intéressez à lui que lorsqu'il râle et beaucoup moins lorsqu'il est sage… Voyez également si votre enfant n'a pas trop pris l'habitude de compter sur autrui plutôt que sur lui-même. Dans ce cas, vous pouvez l'inciter à l'autonomie, en valorisant ses initiatives et en montrant votre fierté lorsqu'il se comporte « comme un grand ».

– Les parents ont toujours intérêt à tenir compte du caractère de leur enfant dans leur attitude éducative. On n'élève pas la tornade comme la lunatique, le rêveur ou le pleurnicheur. Ce dernier a besoin de connaître à l'avance ce qui l'attend, en matière d'emploi du temps comme de règlement intérieur. Il s'arrangera de règles simples, stables, qui déterminent ce qui est permis ou interdit, ce qu'il peut espérer ou non. Ces repères, parce qu'ils le sécurisent, l'aident à trouver sa place et son équilibre. C'est aussi un enfant qui a besoin que l'on s'intéresse à lui en prenant le temps de l'écouter. Avec le temps, on découvre comment le « prendre » et en obtenir le meilleur.

Enfin, il y a certaines attitudes toutes simples qui peuvent faciliter grandement la vie avec un pleurnicheur.

– Évitez de coller à votre enfant cette étiquette : il aurait d'autant plus de mal à s'en débarrasser. Se moquer de lui, surtout publiquement, ne ferait également qu'empirer les choses.

– Tant que vous le pouvez, ignorez son comportement. N'en tenez aucun compte. C'est le meilleur moyen de le faire disparaître. Puis, si cela devient insupportable, envoyez-le s'isoler dans sa chambre un moment, jusqu'à ce qu'il se sente d'humeur plus sociable. Expliquez-lui que ce n'est pas une punition, qu'il a le droit de râler, mais vous celui de ne pas le supporter davantage.

– Essayez l'humour, mais gentiment. Si vous arrivez à le faire rire, c'est gagné. S'il se vexe, c'est pire !

– Parlez-en avec lui et demandez son avis. « J'ai un problème avec toi et je ne sais pas comment faire… » Il est le premier concerné. L'associer à la recherche d'une solution, c'est le faire passer du statut de victime, qu'il n'adopte que trop, à celui d'acteur de sa propre vie.

– Demandez-vous honnêtement s'il n'y aurait pas, dans son attitude, une part d'héritage familial. N'y a-t-il pas, à la maison, un autre râleur (ou râleuse) sur qui prendre modèle ? Il est certain que plus ses parents seront gais et toniques, plus l'enfant tendra à l'être.

Le caractère d'un enfant peut changer, mais ce dernier n'en est pas totalement responsable. S'il est pleurnicheur, ce n'est pas de sa faute. Tout en essayant de le faire évoluer, il est important de valoriser ses bons côtés et de lui montrer que vous l'acceptez et que vous l'aimez comme il est. Peut-être plus qu'un autre, il a besoin de se sentir beau, bon, gentil, aimable. Et d'avoir votre confiance.

« Les garçons, ça ne pleure pas ! »

Et pourquoi pas ? Élever votre fils dans l'idée qu'il ne doit pas pleurer, afin de devenir un vrai petit dur, est dangereux. Vous lui apprenez à garder à l'intérieur de lui ses sentiments et ses émotions, plutôt qu'à les exprimer. Refouler ainsi sa sensibilité peut faire de lui un adulte figé qui aura du mal à communiquer en profondeur avec les autres et avec lui-même.

Il ne tient pas en place

Pour certains enfants, rester assis sans bouger est une torture. Ils mangent en se dandinant d'une fesse sur l'autre et semblent toujours installés sur un boisseau de puces. D'un enfant de deux ans, on le comprend et on le tolère. À cinq ans, si en plus, comme Maxime, l'enfant est incapable de se concentrer plus de quelques minutes sur une même tâche, on se pose des questions, puis on s'inquiète franchement. Lui-même est malheureux, toujours repris, souvent puni. Parce que l'école primaire, telle qu'elle est organisée chez nous, est intransigeante : pour apprendre, il faut se tenir tranquille. Les parents se font du souci, l'instituteur s'irrite, l'enfant se désespère… Que peut-on faire pour l'aider ?
Vous trouverez ci-dessous des petits exercices d'entraînement, à choisir selon l'âge et la personnalité de chacun. Mais, dans tous les cas, il faut d'abord admettre qu'il s'agit là d'un des apprentissages les plus difficiles pour certains enfants. Patienter quelques minutes leur semble une éternité. Aussi, les attentes des adultes doivent-elles être réalistes et progressives.

Pour les plus jeunes (jusque vers quatre ans)
Notons qu'à cet âge, le besoin de bouger est important et tout à fait naturel, même si la vie actuelle ne le respecte pas toujours.
– Pour les plus petits, l'important est de commencer par valoriser le temps où l'on reste assis. Faites-en un jeu. Asseyez

votre enfant par terre et dites-lui : « On va voir si tu peux
rester sans bouger pendant que je compte. » Comptez sur
vos doigts jusqu'à cinq, puis félicitez-le et laissez-le se lever
et bouger. Recommencez en comptant jusqu'à dix, et augmentez progressivement le temps selon ses capacités (il doit
toujours réussir et vous toujours féliciter largement sa performance).

– Passé la minute, remplacez les chiffres par le compte-
minutes. Confiez à l'enfant un jeu calme et dites-lui : « On
va voir si tu peux rester tranquille, assis, à jouer pendant
trois minutes. » Puis, un autre jour : « On va voir si tu peux
battre ton record ! » Là encore, ayez des attentes raisonnables : l'enfant doit toujours réussir.

– Généralisez l'usage du compte-minutes à d'autres activités où l'enfant a du mal à rester tranquille, le temps de son
repas par exemple. Commencez par cinq minutes avant qu'il
ait le droit de se lever, puis augmentez la durée. Félicitez
toujours ses réussites, voire accordez-lui un « extra » (bis-
cuit supplémentaire ou dessin animé). S'il échoue : « Ce
n'est pas grave, on réessaiera une autre fois. »

Pour les plus grands

– Jouez à la statue. Pour cela, vous asseyez l'enfant face à
vous, et vous lui demandez de rester comme vous, aussi
immobile qu'une statue (vous avez juste le droit de respirer !). Au bout d'une minute, vous faites un geste (déplacer
la main, incliner la tête…) : il doit faire le même geste et
figer à nouveau la position. Ce jeu développe à la fois l'attention au mouvement, le contrôle et la concentration.

– Confiez-lui un compte-minutes ou une pendule : c'est
lui-même qui va se fixer le temps où il va s'obliger à rester
tranquille. « Je vais essayer de faire ce puzzle pendant dix
minutes », ou : « Je vais lire dix pages de mon livre sans m'arrêter. » La volonté se forge : l'enfant est heureux d'avoir
atteint son objectif.

– Encouragez-le à se servir d'images qui l'aideront à rester assis : « Tu fais semblant de passer de la colle sur ta chaise avec un gros pinceau, puis tu t'assieds dessus », ou bien : « Imagine que tu es assis dans la cabine d'un avion super-sonique et que tu as bouclé ta ceinture. »

– Prévoyez des petites activités variées quand vous savez que l'enfant aura à rester assis un certain temps (repas de famille, salle d'attente, etc.). L'enfant occupé reste plus facilement calme, même si cela ne dure pas !

L'enfant atteint d'un trouble de déficit d'attention avec hyperactivité

Il s'agit d'un enfant toujours impulsif, très remuant, hyperactif et incapable de fixer son attention, de suivre une consigne ou d'organiser son travail. C'est une vraie pathologie, qui entraîne un vécu douloureux (l'enfant « dérange »), mais dont les causes sont encore incertaines et le diagnostic difficile à poser. Les parents se sentent épuisés, débordés et impuissants. Ce trouble demande une prise en charge spécialisée, qui tentera d'agir à la fois sur l'enfant (apprentissage de nouveaux comportements, du contrôle sur soi) et sur son environnement.

Lorsque l'enfant grandit

Chez certains enfants, la difficulté de rester tranquille et de se tenir à une tâche semble vraiment importante et durable. Il est bon, dans ce cas, que les parents aient une attitude à la fois claire et ferme. Des règles peu nombreuses mais bien comprises et fermes, une routine quotidienne structurée, un environnement assez simple (on ne fait qu'une chose à la fois), sont des éléments qui peuvent l'aider beaucoup.

Certains enfants aimeront qu'on leur promette une récompense : « Si tu apprends tes leçons tranquillement jusqu'à cinq heures, tu pourras sortir faire du roller ensuite. » D'autres tireront un grand profit de certaines techniques simples de relaxation. L'agitation de l'enfant s'accompagne souvent d'une certaine anxiété. Savoir se relaxer est une aptitude dont il peut se servir chaque fois qu'il a besoin de se calmer, de traverser un moment difficile et de retrouver confiance en lui.

Il refuse de partager ou de prêter

« C'est le mien ! », « Non, c'est à moi, t'as pas le droit d'y toucher ! », « Maman ! Il m'a pris mes feutres ! », « Papa ! Hein que t'as dit que c'est à nous deux ! »… Cela vous rappelle quelque chose ? Et cette scène de l'enfant agrippé à son propre seau qui refuse de rendre la petite pelle rouge qu'il vient de subtiliser à sa voisine de bac à sable…

Le désir de posséder et le refus de partager sont, pour les enfants, sources de très nombreuses occasions de conflits. Il peut être très difficile pour les parents qui ont à cœur d'avoir un enfant bien élevé de supporter qu'il prenne les jouets des autres et refuse de partager les siens. Ils peuvent se sentir gênés, alors que cette attitude est tout à fait normale.

Le partage, une notion qui évolue avec le temps

Les petits, jusque vers deux ans, considèrent que tout ce qu'ils peuvent atteindre est à eux, et que personne ne doit y toucher. Si un jeune enfant convoite un objet, il le prend, même si cet objet est pour l'instant dans la main d'un copain. Le jouet « en activité » est toujours beaucoup plus désirable que celui qui attend sur le sol, même si c'est apparemment le même. Une fois qu'il a pris un jouet, il le garde pour lui, jusqu'à ce qu'il décide lui-même de s'en désintéresser. Pour autant, l'enfant n'est ni méchant ni agressif. Il est juste normal. Égocentrique comme tous les enfants de son âge, il ne voit que son propre désir et se montre indifférent à ceux de l'autre.

Pour partager, il faut être capable de se mettre à la place de l'autre et de comprendre ses sentiments. Cela prend du temps. Vers quatre ans, l'enfant sait généralement demander, échanger, coopérer et attendre son tour. Voici quelques conseils pour y parvenir.

Développez son sens de la propriété

Paradoxalement, c'est cela qui le rassurera sur les jouets qui lui appartiennent, et lui permettra de mieux gérer le partage.

— On ne peut pas apprendre à partager à un enfant qui n'a pas été autorisé à posséder pleinement. Il est bon qu'il ait un endroit personnel où ranger ses jouets, à l'abri de la convoitise. C'est lui qui doit décider librement s'il prête ou non ses affaires.

— Donnez à votre enfant largement le temps de jouer seul avec ses nouveaux jouets avant de lui demander de les partager. Il a besoin de se les approprier longuement avant de pouvoir s'en déposséder, même brièvement, sans trop d'inquiétude.

— Expliquez-lui qu'il y a, dans la maison, des objets personnels, et des objets collectifs. Nommez ses objets à lui : le pyjama de Thomas, sa petite voiture, etc., dont il peut disposer à sa guise. Montrez les objets des autres, dont il ne peut pas se servir sans autorisation. Enfin, parlez de ceux dont on se sert à tour de rôle, parce qu'ils appartiennent à tous : la télévision ou le lecteur de disques, par exemple.

Expliquez clairement à votre enfant ce que vous attendez de lui

— Vers deux ans, l'enfant commence à être sensible aux notions de justice et de réciprocité. C'est le moment de lui expliquer que, s'il emprunte un jouet, il peut en prêter un en échange. Et que chacun devra rendre ce qu'il a pris.

— Si un copain doit venir à la maison, aidez-le à ranger ce

qu'il ne veut absolument pas prêter ni partager, et à sortir quelques jouets avec lesquels ils s'amuseront ensemble. Le copain peut aussi amener quelques-uns de ses propres jouets, ce qui favorise le troc.

— Si vous avez plusieurs enfants, annoncez clairement : « J'ai acheté un paquet de bonbons, c'est pour tout le monde, vous vous les partagez. » Puis laissez-les faire.

Favorisez la coopération et l'entraide

Les enfants qui prêtent sont ceux qui ont compris qu'ils y ont intérêt.

— Montrez-leur que prêter, c'est aussi, à son tour, emprunter. Ils découvriront vite la réciprocité entre frères et sœurs.

— Organisez des activités communes : on fait ensemble un gâteau, par exemple. Lancez des jeux où l'on joue chacun à son tour.

— Laissez vos enfants autant que possible se débrouiller seuls avec ce problème. Si vous intervenez, évitez de prendre parti. Mieux vaut se mettre à la place de chacun et l'aider à comprendre ce que l'autre ressent. Progressivement, ils arriveront à résoudre seuls leurs conflits. Au lieu des cris habituels, vous entendrez : « D'accord, je te prête ma voiture rouge, mais tu me passes ton camion bleu ! »

Acheter le même jouet pour tous ?

Certains parents, qui ont des enfants d'âges rapprochés, trouvent plus simple de mettre tous leurs jouets en commun. D'autres, au contraire, achètent tout en double. La bonne solution est entre les deux. Acheter en double des jouets comme les ballons ou les jouets de plage, par exemple, diminuera certainement les conflits. De plus, les enfants ont besoin de savoir que certaines choses ne sont qu'à eux, notamment les jouets affectifs (poupées, peluches, etc.). Mais tout acheter en double est impossible. Les enfants peuvent parfaitement se partager la boîte de Lego, le vélo ou les puzzles. Avoir quelques jouets en commun est une bonne occasion d'inciter au partage et de faire comprendre la notion de « chacun son tour ».

N'espérez pas trop

Incitez votre enfant à partager, mais soyez réaliste : il faut du temps pour intégrer le concept même de partage, qui est complexe. Aussi, n'espérez pas trop ni trop tôt. Gronder l'enfant qui refuse de partager, ou le punir, n'est d'aucune utilité, et ne fait que renforcer son attachement aux objets. Ne forcez pas. Mieux vaut expliquer à l'autre enfant : « Il n'a pas envie de partager ce jouet pour l'instant. » Après tout, si c'est à lui, c'est bien son droit…

S'il croit encore au Père Noël

La légende du Père Noël est merveilleuse. Elle est signe de générosité vraie : les cadeaux « tombent du ciel » sans qu'on ait à les mériter, ainsi que de gratuité du don : l'enfant ne remercie que par la joie qu'il exprime.

Pourtant, la phrase : « Tu crois au Père Noël ! » n'est pas très flatteuse. Elle signifie : « Tu es vraiment trop naïf, tu vas te faire avoir, on t'a trompé. » Or, il n'est jamais neutre de tromper un enfant. Les petits ont tellement confiance en leurs parents qu'ils n'imaginent pas que l'on puisse, même bien intentionné, leur raconter des choses fausses. La déconvenue de celui qui découvre la vérité auprès des copains peut être grande : c'est une part de son enfance qui s'envole, et parfois une part de sa confiance dans les adultes. Il en veut à ses parents de s'être, à cause d'eux, senti ridicule devant les autres. C'est donc à nous, parents, de faire évoluer progressivement sa croyance au Père Noël. La stratégie tient en trois points.

Aider l'enfant à faire la part entre le réel et l'imaginaire

Vous regardez un feuilleton à la télévision ? Expliquez-lui que ces personnages n'existent pas dans la vie. Vous lui lisez une histoire ? Dites-lui qu'elle a été inventée et montrez-lui le nom de l'auteur. Aidez-le à faire la part entre ce qui existe « pour de vrai » (lui, vous, son papa, son chien, les informations, etc.) et ce qui existe « pour de rire » (les fées, le héros de son livre, Blanche-Neige... et le Père Noël). L'enfant admet très bien qu'il existe deux niveaux d'existence, l'un réel, l'autre imaginaire, même s'il ne fait pas toujours la part entre les deux. L'essentiel est qu'il connaisse cette distinction.

Vous croisez des Père Noël dans la rue ou au supermarché ? Votre enfant vous demande comment il peut y en avoir autant ? Soyez claire : ce sont des messieurs déguisés, qui sont là pour vendre des photos ou des jouets, pour distraire les clients et créer une animation.

N'attendez pas trop pour faire évoluer votre façon de parler du Père Noël

Dès le début, parlez-en au conditionnel : « On raconte que le Père Noël arrive sur son traîneau ; il aurait une grande hotte sur le dos. » Si l'enfant vous demande où il habite : « Moi, je ne sais pas, mais toi, qu'imagines-tu ? Et sa maison, elle serait comment ? » Et le jeu commence, riche de tout un imaginaire construit ensemble et vécu pour ce qu'il est : une histoire que l'on invente. Le jour où il découvrira la vérité, il aura l'impression de la savoir déjà et ne se sentira pas trompé. Le mode conditionnel, c'est pour parler de ce qui est du domaine du rêve, de l'imaginaire. Le mode affirmatif, pour parler du vrai, du réel. L'enfant, même s'il n'en est pas conscient, sent bien la différence.

Enfin, un ou deux Noël avant l'entrée de l'enfant à l'école primaire, prenez doucement un peu plus de distance avec le mythe. Par exemple, si le Père Noël passe encore à la maison, les amis et les proches, eux, assument leurs propres cadeaux.

Si l'enfant pose des questions directes, répondez avec honnêteté, mais avec beaucoup de douceur. Même avec la sensation « qu'on l'a toujours su », même si cela signifie que l'on partage le secret des grandes personnes, perdre en partie ce qui faisait la magie de Noël est toujours empreint d'une certaine tristesse. Passer dans le monde des grands ouvre certes de nouvelles perspectives, mais impose aussi de sérieux renoncements.

À éviter

– Quand l'enfant ramène ce scoop bouleversant : « Machin, il a dit que le Père Noël n'existait pas ! », répondre par une phrase comme : « Bien sûr qu'il existe, puisque je te le dis ; Machin a voulu faire son intéressant ! »
– Contraindre son enfant à y croire, par peur de le voir déçu ou désenchanté : c'est alors qu'il risque de l'être vraiment.
– Le laisser croire au Père Noël au-delà de l'âge de six ans. Avec l'âge de raison, l'enfant ne peut plus croire à de telles histoires qu'au prix d'une vraie distorsion de ses capacités de logique et d'intelligence.

Noël, symbole de générosité

Au-delà des cadeaux, des réveillons, de la fête, Noël est aussi le symbole de la générosité et du souci de l'autre. Votre enfant sait qu'il sera gâté et il se plonge avec délices dans les catalogues de jouets. C'est le meilleur moment pour attirer son attention sur ceux qui ont moins de chance, et pour l'aider, très concrètement, à faire lui aussi des dons aux autres, à sa mesure.

Comment parler de sexualité à son enfant

Samedi, seize heures, dans un wagon de métro plein de monde. Soudain une petite voix s'élève, claire, au-dessus des conversations : « Dis, Papy, toi aussi t'en as un, de pénis ? » C'est la voix de Morgane, cinq ans, qui s'assure qu'elle a bien compris ce que sa maman lui a expliqué la veille. Malaise du grand-père... Il faut s'y attendre : si les parents choisissent plutôt des moments calmes et complices pour aborder ces questions, les enfants, eux, posent souvent leurs questions de manière tout à fait imprévue, dans une file à la boulangerie ou au milieu d'un repas de famille. Preuve qu'ils n'ont senti aucun interdit à aborder ces questions... « C'est une question intéressante, mon chéri, rappelle-moi de te répondre ce soir, quand nous serons rentrés à la maison... » La seule solution pour éviter la gêne consiste à devancer les questions de l'enfant, à l'informer avant qu'il ne se renseigne. Mais ce serait dommage de ne pas aussi profiter de sa curiosité, car ses questions sont le seul indicateur de son niveau de réflexion, alors mieux vaut se préparer à y faire face.

À quel âge commencer une information sur la sexualité ?

Justement dès que l'enfant montre une curiosité, par ses questions ou par ses actes. Cela se situe généralement vers l'âge de trois ans, lorsque l'enfant commence à séparer le monde entre hommes et femmes, et à s'interroger sur ce qui les différencie. Mais cela peut tout aussi bien survenir à l'occasion d'un événement familial : grossesse de la maman, mise bas de la chatte, scène à la télévision, etc. La question peut être soit directe : « Comment il est rentré, le bébé ? Par où il va sortir ? », soit indirecte : « Moi aussi j'en aurai, des enfants ? » ou : « Les bébés chats, ils n'ont pas de papa ? » Au fil des années, c'est souvent l'enfant qui initie le dialogue sur les questions sexuelles et qui indique où il en est de ses interrogations. Il peut vous sembler « travaillé » par la curiosité un jour, puis, une fois celle-ci satisfaite, paraître s'en désintéresser pendant plusieurs mois.

Certains enfants ne posent pas spontanément de questions, souvent parce qu'ils ont senti une gêne chez les adultes ou qu'ils se sont heurtés à une attitude qui leur a fait préférer le silence. Dans ce cas, il est souhaitable d'aller au-devant d'eux en leur fournissant spontanément les informations qui correspondent à leur âge.

À l'approche de la puberté, les questions s'arrêtent. À cet âge, les enfants en savent souvent plus qu'on ne l'imagine. La pudeur survient, leur corps commence à changer : ce n'est plus vers leurs parents qu'ils vont maintenant se tourner pour avoir des détails techniques : ils préfèrent écouter les radios FM, enquêter auprès des copains ou lire les journaux d'ados. Cette discrétion est à respecter par les parents, qui laissent seulement une porte ouverte : « Tu sais que tu peux toujours venir me poser toutes les questions que tu veux sur la sexualité, sur l'amour ou sur la contraception ; je suis là. »

Quels termes employer ?

Les plus vrais et les plus simples sont les meilleurs : « Ça veut dire quoi, faire l'amour ? », demande Milan, six ans. « Faire l'amour, cela signifie que l'homme introduit son pénis dans le vagin de la femme, qu'ils se serrent très fort et qu'ils aiment beaucoup cela. C'est aussi de cette façon que l'on fait les bébés, mais on peut faire l'amour pour le plaisir, sans vouloir de bébé à chaque fois. »

Les jeunes enfants n'attendent pas un exposé détaillé et technique sur l'accouplement du spermatozoïde et de l'ovule, mais ils sentent vite, à l'inverse, si on les prend pour des niais en employant un langage bêtifiant. Le mieux est donc de leur parler simplement, avec des mots adaptés à leur âge. Vous avez des petits mots à vous pour désigner les organes sexuels ? Pourquoi pas ? Mais assurez-vous de ne pas utiliser le même pour les deux sexes, et que l'enfant connaisse les mots justes.

Que faut-il dire ?

La vérité. L'époque n'est plus aux naissances dans les roses. Mais le niveau de détails dépend de l'âge de l'enfant. Les plus petits demandent des réponses brèves et simples. Si c'est trop peu, ils reviendront à la charge. Si c'est trop, il est clair qu'on les ennuie. Si l'enfant sent l'adulte réceptif, il demande jusqu'à ce que sa curiosité soit satisfaite, puis il cesse d'écouter. L'image de la petite graine n'est pas mauvaise car elle met en évidence le rôle du père, ce qui est très important. Ce que l'enfant veut vraiment savoir, c'est quel est son sexe, à quels adultes il ressemblera et ce qui l'attend plus tard (« Toi aussi, un jour, si tu le désires, tu auras un bébé dans ton ventre ») et s'il a été conçu dans l'amour. Les questions des plus grands (mais cela vient très vite !) peuvent vous désarçonner : « Pourquoi les dames mettent des couches ? », « C'est quoi, un homosexuel ? » Répondez comme vous pensez devoir le faire, ce que vous croyez juste de dire. Si la gêne est trop grande, vous pouvez toujours renvoyer l'enfant vers un autre adulte ou lui lire un petit livre explicatif sur la sexualité et sur la reproduction. L'essentiel est que l'enfant sente que sa curiosité est la bienvenue et que vous n'oubliiez jamais de lui parler d'amour autant que de technique.

Une relation saine à la sexualité, cela passe, d'abord, par un dialogue ouvert et simple sur tout ce qui s'y rapporte.

Distinguer la sexualité et la reproduction

L'itinéraire de la petite graine, passe encore, mais parler à son enfant de désir sexuel et du plaisir que cela engendre est, pour beaucoup de parents, autrement plus délicat. C'est pourtant omettre l'essentiel que de ne pas lui dire qu'on fait l'amour pour se faire plaisir, simplement parce que c'est bon, comme les très gros câlins…

Quand vient l'âge de la pudeur

« Pourquoi tu ne mets pas de pyjama, toi ? », demande Charline, six ans, à sa mère, avec un soupçon de reproche dans la voix. Elle a pourtant souvent vu ses parents nus, mais là elle semble avoir du mal à le supporter. Elle-même, depuis quelque temps, ferme plus soigneusement la porte de la salle de bain lorsqu'elle prend sa douche.

Les questions que se posent les parents d'aujourd'hui sur la nudité auraient été inimaginables pour les leurs. La vision courante de corps nus, en couverture des magazines, sur les plages, a accompagné, au sein du foyer, l'apparition de comportements plus libres et plus naturels. La gêne de la nudité en famille a presque disparu et rares sont ceux qui s'en offusquent. Parents et enfants sont plus spontanés, trouvent davantage de plaisir à vivre ensemble dans une plus grande intimité physique. Les tabous et la pudeur ont-ils disparu pour autant ? Certes non, et c'est tant mieux. Car, si les attitudes ont changé, les enfants sont restés les mêmes et les abus toujours aussi dangereux.

On sait que les enfants ne voient pas le corps, la nudité, la sexualité, de la même manière que les adultes. Et qu'ils sont évidemment beaucoup plus vulnérables.

Pour les petits enfants, être nu est un grand plaisir. Avant deux ans, c'est une question de confort et d'aisance. L'enfant est joyeux de courir sans vêtements à travers la maison, dans l'herbe ou sur la plage, de jouer et de s'éclabousser. Après, apparaît la fierté de montrer ce que l'on est et à quel sexe on appartient. L'enfant aime déambuler nu, s'admirer dans la glace, se comparer aux autres enfants. Il s'interroge, et sa curiosité le conduit parfois à désirer voir ou toucher le corps des adultes. À eux de refuser, gentiment mais clairement.

Vers trois ou quatre ans, l'enfant entre dans une phase importante de son développement où il se pose beaucoup de questions sur la sexualité et sur ses parents. Il cherche parfois à créer des conflits entre eux, ou à s'approprier l'un de ses parents (« Quand je serai grande, je me marierai avec papa et j'aurai un bébé », dit Carole, quatre ans, à sa mère). La nudité des parents, trop exposée, peut alors être perturbante. C'est un âge où il faut être à la fois prudent et clair dans ses actes et ses paroles.

Un peu plus tard, à un âge variable, l'enfant découvre la pudeur, qui est une étape normale de son développement. Se moquer de lui serait lui manquer de respect. À ce moment, même la nudité des autres peut le gêner. Il revendique que l'on frappe à la porte de la salle de bain. Il réclame des vestiaires séparés à la piscine, car le regard des enfants de l'autre sexe le dérange plus encore. L'enfant rejoint, dans son comportement, les adultes qui n'aiment pas se montrer nus en famille. Nul n'a à se forcer. Chacun, adulte comme enfant, doit avoir le libre choix de dire oui ou non.

Vivre la nudité au foyer sans complexe est un choix personnel : si nul n'est gêné, cela aidera peut-être l'enfant, devenu adulte, à se sentir bien dans son propre corps. La nudité en elle-même ne pose pas de problème, à trois conditions :

– l'enfant sent que l'on répondra honnêtement aux questions qu'il se pose sur le corps en général ;

– il a droit au respect de sa propre intimité corporelle (dès trois ans, il peut se laver seul et aller seul aux toilettes) ;

— les limites des droits et des interdits concernant le corps sont clairement posées.

Si l'enfant sait sans ambiguïté que son corps n'appartient qu'à lui et relève de son intimité, il sera plus à même de se protéger d'adultes qui chercheraient à abuser de lui.

Un lien entre pudeur et sexualité

L'enfant, garçon ou fille, devient pudique lorsqu'il a commencé à entrevoir ce qu'il en est du rôle du corps dans la sexualité. Il sent bien ce que tout cela recèle de mystère et qu'il devra attendre les vraies réponses encore de longues années. Il se protège, et c'est une attitude que les adultes doivent respecter. Parallèlement, c'est le moment d'ouvrir avec lui un dialogue. Il va s'agir de mettre des mots (et des images, éventuellement), sur les questions qu'il se pose, mais n'ose pas toujours aborder directement.

Faites attention aux mots qui font mal

Les mots que l'on dit à nos enfants sous le coup de la colère ou de la lassitude, les mots que l'on dit par habitude, sans trop y penser, ces mots-là peuvent faire très mal. Plus, parfois, que les coups. Celui qui dit ces mots, une fois calmé, les oublie ou les regrette. Celui qui les a entendus les garde longtemps au cœur, où ils tracent leur venimeux chemin, comme une blessure ou une incompréhension secrètes. « Tel qui parle étourdiment blesse comme une épée, la langue des sages guérit », dit le Livre des Proverbes (12, 18). On pense souvent que les enfants, parce qu'ils sont encore jeunes et insouciants, ne nous comprennent pas, ou bien qu'ils oublient vite. Parce que cela nous arrange, nous feignons d'ignorer l'effet que peuvent avoir des mots trop vifs. Pourtant, si nous regardons loin en arrière, dans nos souvenirs d'enfance, nous y trouvons tous l'une de ces phrases, sous une forme peut-être différente, dont la blessure est encore douloureuse.

Certaines de ces phrases arrêtent l'enfant dans son élan vital, d'autres affectent sa confiance en lui, toutes abîment parce qu'elles heurtent l'enfant dans sa sensibilité et l'amour qu'il nous porte.

Quoi que nous disions, parce que nous sommes les parents, nos enfants nous croient. Ils nous prennent au mot. Alors, attention à ceux que nous prononçons et tâchons d'y réfléchir à deux fois avant de lâcher l'une de ces phrases.

Respectez sa créativité et ses émotions

— « *Ne te salis pas !* », répété à l'enfant qui part jouer dans le jardin ou dans le square, ou bien à celui qui fait de la peinture, c'est le plus sûr moyen de l'inhiber dans ses élans d'artiste ou d'explorateur. Mieux vaut l'habiller de vieux vêtements « tout terrain » et lui dire : « Comme cela tu ne risques rien, fais ce que tu veux, amuse-toi ! »

— « *Pourquoi ne fais-tu pas le toit de la maison en rouge ?* », proposé à l'enfant en train de dessiner. Si vous voulez qu'il devienne créatif et imaginatif, abstenez-vous de critiquer, de juger ou de conseiller ses productions. Il n'y a pas, en art, une bonne et une mauvaise façon de faire les maisons ou les bateaux. Dites-lui plutôt : « Tu peux être fier de ta maison, elle est vraiment bien dessinée ! »

— « *C'est ridicule d'avoir peur comme ça !* », ou bien « *Mais non, tu ne détestes pas ta sœur !* » Eh bien si, par moments. Les sentiments ont le droit de s'exprimer, et doivent être respectés. Seuls les passages à l'acte sont répréhensibles. Mieux vaut une phrase comme : « Je comprends que par moments tu l'aimes bien et par moments elle t'énerve. C'est comme cela pour l'instant, ce n'est pas grave. »

— « *Moi, à ta place...* » Évidemment, vous avez raison et vous feriez mieux que lui, mais cela mine sa confiance en lui. Une variante : « *Moi, à ton âge...* » Oui, bien sûr, à son âge, vous étiez formidable. Tout allait mieux que maintenant. Mais le monde a changé, et votre enfant est différent de vous. D'ailleurs, dès que vous commencez ainsi votre phrase, il cesse de vous écouter...

Évitez les étiquettes et les jugements définitifs

— « *Tu ne pourrais pas être obéissant comme ta sœur ?* », ou bien : « *Tu es beaucoup plus gentille que ton frère.* » Les comparaisons entre enfants d'une même fratrie donnent des résultats désastreux. Défavorables, elles minent l'estime de soi de celui qui la reçoit. Favorables, elles excitent la rivalité fraternelle. Mieux vaut montrer à chacun qu'on l'aime pour ce qu'il est : unique.

– « *Tu ne ramasses jamais ton linge derrière toi !* » est une phrase qui condamne. « Jamais » est sûrement excessif, et peut être remplacé par « jusqu'ici », laissant l'avenir ouvert. Parler d'abord de soi vaut mieux : « Je suis très irritée quand je trouve ton linge par terre », ou, encore plus sobre : « Le linge sale va dans le panier. »

– « *Tu as toujours été paresseux* », ou « *Jean est nul en français.* » Les étiquettes appliquées à l'enfant sont toujours à éviter. L'enfant va avoir tendance à s'y conformer (« Pourquoi essayer de changer, puisque de toute façon je suis comme cela ? »), ce qui l'enferme dans son problème, et, dans tous les cas, le limite et l'empêche d'être autre.

Évitez menaces et chantages

– « *Si tu ne viens pas, je m'en vais toute seule !* », proféré à l'enfant qui ne se décide pas à quitter la crèche ou la maison. On comprend la menace, proférée à bout de patience. Mais, soit l'enfant ne vous croit pas, et la remarque est inutile, soit il vous croit, et vous éveillez en lui une angoisse d'abandon toujours latente et bien douloureuse.

– « *Si tu recommences encore une fois, tu vas voir…* » Il va recommencer, juste pour voir…

– « *Tu vas voir ton père, ce soir…* » Si l'enfant a fait une bêtise, la punition doit être donnée sur le moment, puis on fait la paix et on oublie. Sans compter que le père n'a sûrement pas envie de jouer les Père Fouettard après sa journée de travail…

– « *Je te préviens, je m'en souviendrai !* » Un problème se règle sur le moment. Menacer et faire peur à l'enfant pour se venger ou pour obtenir quelque chose, plutôt que de faire appel à ce qu'il a de meilleur en lui, c'est mettre en place des mécanismes qui sont autant de bombes à retardement. Mieux vaut : « Je suis très mécontente de ce que tu as fait. Mais je te fais confiance, je sais que tu essaieras de ne pas recommencer. »

Ne misez pas sur sa culpabilité

– « *Après tout ce que j'ai fait pour toi !* », ou sa variante : « *Pourquoi tu fais de la peine à maman ?* » L'enfant a ses expériences à faire, et sa vie à vivre, indépendamment de la vôtre. Il est toujours dangereux de faire naître chez l'enfant un sentiment de culpabilité, sentiment dont il aura bien du mal, des années plus tard, à se défaire.

– « *Tu me rends malade !* », et sa variante, plus grave : « *Il me tuera, ce gosse !* » L'enfant vous croit. Avec ces phrases, vous générez une angoisse et une culpabilité bien trop lourdes pour lui. Limitez-vous à : « Tu me fatigues ! », bien suffisant, et qui vous donne l'occasion d'aller vous détendre un moment au calme.

– « *Viens donner un baiser à maman, sinon, elle est triste…* » Pas de chantage à la tendresse. L'enfant viendra vous faire des câlins spontanément, quand il en aura envie, pas par crainte de vous rendre triste. Vous voulez un contact tendre ? Allez donc lui faire un baiser !

Comme disaient nos grand-mères…

La sagesse populaire conseille de tourner sept fois sa langue dans sa bouche avant de parler. Et si, avant de lancer des mots qui font mal, et que l'on regrette ensuite, on essayait de respirer un bon coup, le temps de trouver une formulation plus heureuse et plus respectueuse ?

Quelles peurs à quel âge ?

La peur est un sentiment universel. Bienvenue lorsque le danger est réel, elle empêche de vivre lorsqu'elle remplit la vie quotidienne. La peur, et l'apprentissage de la façon d'y faire face, font partie du développement normal de l'enfant en bonne santé. Parmi toutes les émotions, elle est une des plus précoces : elle survient dès les premiers mois, alors que se manifestent déjà refus et colère, plaisir, déplaisir et excitation.

Comment l'enfant manifeste-t-il sa peur ?

Certains enfants semblent n'avoir jamais peur de rien et traversent l'existence avec une grande aisance. D'autres, au contraire, semblent, de jour comme de nuit, vivre de nombreuses expériences effrayantes. La plupart des enfants oscillent entre ces deux extrêmes. Certaines peurs apparaissent, puis laissent la place à d'autres. Parfois, l'enfant semble juste un peu gêné, inquiet, d'autres fois il manifeste un refus terrorisé.

La peur de l'enfant n'est pas toujours facile à repérer, car elle ne s'exprime pas nécessairement avec des mots, loin de là. L'enfant va jouer de son corps, ou de son comportement, pour s'exprimer. Selon son tempérament, l'un va devenir instable et turbulent, un autre va se replier sur lui-même et devenir « trop sage ». Quant au « mal au ventre » du matin, il s'est souvent révélé être une inquiétude face à une échéance scolaire.

Petits enfants, petites peurs ?

Certainement non. Les peurs des enfants peuvent être d'une grande intensité. Le petit qui voit une ombre sur le mur face à son lit et croit à la présence d'un monstre peut être réellement terrorisé. Celui, plus âgé, qui refuse violemment qu'on lui fasse une piqûre, est habité par un sentiment bien plus fort que la seule crainte de souffrir. La meilleure façon de se convaincre de l'intensité réelle de ces émotions est de se souvenir de ses propres peurs d'enfant.

De quoi ont-ils peur ?

Les enfants sont porteurs des peurs de notre société, comme la peur de grossir ou la peur du chômage. Ils s'imprègnent de l'ambiance générale du monde dans lequel ils vivent et, plus encore, de l'ambiance plus ou moins anxieuse ou tendue du foyer familial. Mais les enfants ont aussi des peurs qui leur sont propres, dont certaines sont typiques d'un âge donné. Chaque âge a ses difficultés, ses périodes d'ajustement : les grandes peurs prennent ici tout leur sens si nous les considérons comme des fenêtres ouvertes sur l'évolution de l'enfant et ses crises nécessaires.

L'éducation au danger

C'est aux parents que revient la tâche d'apprendre à l'enfant à faire la part entre les vrais dangers et les autres. Pour sécuriser un enfant, rien ne vaut une attitude ferme, cohérente, qui lui indique comment agir concrètement pour faire face à la peur qu'il éprouve ou au danger qu'il rencontre.

(Pour en savoir plus : Anne Bacus, *Mon enfant a confiance en lui*, Marabout, 1996.)

Les tout-petits (0 à 1 an)

Dès la naissance, certaines fonctions, comme l'audition et l'équilibre, peuvent déjà élaborer des réponses. C'est pourquoi les peurs des nouveau-nés sont essentiellement la peur des bruits soudains et la peur de tomber, ainsi que certaines angoisses primaires. Au second semestre, vont apparaître deux peurs liées, importantes par leur intensité et leurs conséquences : l'angoisse de séparation et la peur de l'étranger.

Les petits enfants (1 à 3 ans)

L'enfant commence à s'aventurer hors des limites habituelles. Les rencontres qu'on y fait ne sont pas toujours des plus rassurantes. Aussi va-t-on voir apparaître chez certains enfants, lorsqu'ils ont eu une expérience désagréable, la peur du médecin et la peur des animaux par exemple. Selon leur vécu, certains peuvent aussi développer une peur de l'eau. Après deux ans, l'enfant gagne vite en indépendance. Il est très énergique : ses peurs aussi. Imaginatif, il n'a pas seulement peur des réalités de la vie, mais aussi de son monde intérieur, plus dangereux encore. Vont apparaître la peur de l'obscurité, mais aussi la peur de l'orage.

Les enfants de 3 à 6 ans

L'imagination grandit : la peur des monstres aussi. Viennent s'y ajouter la peur de la maladie ou de la mort d'un proche, qui se met à prendre sens, la peur de se perdre (on se sent intrépide, mais peut-être pas téméraire…), et la peur de l'eau, ou plutôt d'y perdre pied.

Les enfants de 6 à 10 ans

C'est souvent à cet âge qu'apparaissent des peurs qui, à l'inverse des précédentes, auront parfois du mal à céder aux efforts et au temps. Il y a par exemple la peur des insectes (qui peut aussi survenir à l'adolescence), la peur des voleurs (et des kidnappeurs), la peur des piqûres et du sang (qui peut même entraîner de vrais malaises), et la peur d'être rejeté par les copains, qui est une des premières peurs sociales.

Les adolescents

Toutes les peurs d'adultes peuvent trouver leur commencement à l'adolescence. Mais sont plus spécifiques de cette période le vertige, la peur de parler en public, et toutes les peurs liées au corps, comme la peur de rougir ou celle d'avoir une anomalie physique.

Comment apprivoiser sa peur des insectes

Rares sont les gens qui aiment vraiment les insectes. L'aversion pour un grand nombre d'entre eux, en premier lieu pour les araignées, est tellement répandue, chez les enfants comme chez les adultes, qu'elle finit par sembler normale. Elle survient souvent à l'adolescence. Mais certains enfants développent une peur déraisonnable, parce que concernant des petites bêtes qui ne peuvent faire aucun mal. Une aversion normale, si elle se transforme en véritable terreur, peut compliquer grandement l'existence quotidienne lorsque l'on vit à la campagne ou même lors de simples promenades. C'est pourquoi la période des vacances est souvent le moment où se révèlent de telles peurs.

Prévenir vaut mieux que guérir

Pour éviter de telles situations, le mieux à faire est de prendre les devants. Les réactions des parents sont, dans ce cas, aussi déterminantes que la personnalité de l'enfant.

– Montrez l'exemple. Votre enfant aura tendance à modeler son attitude sur la vôtre. Si vous êtes du genre à reculer avec terreur lorsqu'une guêpe s'approche ou à appeler à l'aide lorsqu'une araignée aux longues pattes remonte le long du mur, apprenez à dépasser cette peur ou bien à ne plus la manifester.

– N'effrayez pas votre enfant par une réaction excessive, ou seulement trop vive, lorsqu'il attrape lui-même un insecte. Tous ne piquent pas. Apprenez-lui tranquillement à faire la part entre les insectes dangereux et les autres.

– Éduquez votre enfant en lui apprenant à observer et mieux connaître cette vie animale complexe et fascinante qu'est celle des insectes. Prenez le temps de regarder une colonne de fourmis transportant de la nourriture, une araignée tissant sa toile ou une libellule rasant une mare. Faites-lui admirer les reflets des ailes des papillons ou la douceur de la chenille.

– Feuilleter ensemble des livres contribuera à développer une forme de respect pour ces petits animaux et apprendra à l'enfant comment se comporter vis-à-vis des insectes : rester immobile jusqu'à ce que l'abeille s'éloigne ou glisser la chenille sur une feuille de papier pour la remettre dehors vaut mieux qu'écraser les araignées ou arracher les ailes des mouches !

Lorsque la peur est installée

Il se peut que ces mesures de prévention soient insuffisantes, ou bien que votre enfant ait déjà développé une peur des insectes qui gêne la vie de tous les jours. Dans ce cas, vous pouvez essayer les conseils suivants.

– Parlez avec votre enfant de sa peur afin de bien comprendre ce qu'il craint précisément. Certains insectes précis ? Ceux qui piquent ? Ceux qui volent ? Rectifiez les croyances erronées qu'il pourrait avoir sur la dangerosité de tel ou tel animal.

– Habituez l'enfant à entrer progressivement et calmement en contact avec l'insecte redouté.

Pour apaiser la peur que Guillaume avait des scarabées, très nombreux cette année-là sur leur lieu de vacances, Marianne a commencé par regarder avec lui des photos de magnifiques scarabées dans un dictionnaire animalier, et par lui donner quelques informations. Puis elle a capturé un petit scarabée qu'elle a installé confortablement dans une boîte en plastique transparente. Elle l'a prénommé Nestor. Elle a enfin incité doucement Guillaume à venir observer Nestor, de loin d'abord, puis de plus près. « Tu vois, le petit scarabée ne peut pas sortir. Je peux prendre la boîte dans ma main. Tout à l'heure, tu lui ramasseras un peu d'herbe fraîche. Dans un jour ou deux, nous irons le remettre en liberté dans le pré derrière la maison. » Le lendemain, Guillaume se sentait prêt à toucher l'animal avec une herbe.

Dépasser ses peurs demande beaucoup de courage. Félicitez votre enfant de ses progrès, lorsqu'il devient capable d'ignorer un insecte ou de se comporter avec lui de manière adaptée. Un grand pique-nique dans les bois ou les champs paraît une récompense tout à fait appropriée !

Et si c'était une phobie ?

Certains enfants développent des peurs intenses et incontrôlables face à des animaux ou à des situations totalement sûres. Ils sentent bien que c'est « idiot » mais ils ne peuvent pas contrôler leur terreur, même face à une représentation imagée de l'animal. Il s'agit alors de ce que l'on nomme une phobie. Si l'incitation et la réassurance sont sans effet, il est nécessaire de consulter un psychologue. Ces phobies se guérissent rarement seules et elles peuvent empêcher l'enfant de vivre tout ce qu'il aimerait.

Comment lui donner confiance en lui

S'il a confiance en lui, l'enfant est capable d'entreprendre. Il va vers les autres sans crainte et n'hésite pas à lever la main en classe. Il se fait une image positive de son avenir et il a hâte de grandir pour devenir cosmonaute ou vétérinaire. Ses appréhensions, il parvient à les dominer pour aller de l'avant. Autonome, il sait faire les choix qui le concernent et les défendre. Il ne se laisse pas démonter par un échec et décide d'essayer encore. Il ne craint pas la solitude et sait qu'il est aimé. Tout cela est si important dans le monde d'aujourd'hui qu'on ne peut que s'interroger : comment un enfant construit-il cette bonne image de lui-même qui le suivra toute sa vie ? Ma conviction est que les parents ont un rôle essentiel à jouer, dès la naissance de leur enfant.

– *Dans les premiers mois de sa vie*, l'enfant est en totale dépendance. Il appelle s'il a faim, froid, ou envie d'être pris dans les bras. Lui répondre, lui assurer chaleur et câlin, c'est déjà le convaincre qu'il peut avoir confiance en ce monde et dans ses propres compétences. Si l'on respecte son rythme, il sent qu'il y a comme une continuité entre la douceur du ventre maternel et celle du monde qui l'entoure. Structurer la journée du bébé de façon régulière et lui expliquer ce qui va se passer pour lui contribuent aussi à lui construire une bonne sécurité intérieure : il sait ce qui va arriver et peut se fier à ses anticipations.

– La seconde étape importante dans l'élaboration de la confiance en soi se situe *entre un an et trois ans*. L'enfant découvre la frustration (il ne peut avoir immédiatement tout ce qu'il désire), la peur (du noir, des insectes, des étrangers…) et l'éloignement. Période difficile pour lui comme pour ses parents, qui ne savent plus comment se comporter. Tout d'abord, ne jamais se moquer de lui, qu'il prononce mal ou qu'il craigne les monstres. Puis, ne jamais lui laisser croire que l'on pourrait cesser de l'aimer s'il était trop méchant. Lui offrir plutôt le moyen de « réparer » ses bêtises avec une éponge ou un gros baiser. C'est justement lorsqu'il est « difficile » que l'on peut l'assurer fermement qu'il est digne d'être aimé, dans tous les cas et pour toujours.

Cette tranche d'âge est aussi celle où l'enfant part à la découverte de son environnement, et cela ne se fait pas sans difficultés, échecs ni bosses. Il se sent petit et il a bien besoin d'être soutenu – mais pas que l'on fasse à sa place ! L'enfant expérimente, essaie de s'habiller ou de grimper l'escalier, et parfois souffre de ne pas y arriver, mais ses parents l'encouragent, et il recommence : quand enfin il y parvient, seul, il a toutes les raisons d'être fier de lui, beaucoup plus que si l'adulte l'avait aidé ou agi pour lui. Encourager l'initiative et la persévérance, tout en restant en retrait, permet à l'enfant de triompher seul des difficultés et de se sentir plus fort.

– *Quatre à cinq ans*, c'est l'âge de la jalousie et des rivalités. Difficile d'accepter de n'être que l'un des enfants dans le cœur de maman, que l'un des élèves dans celui de la maîtresse. Développer la coopération aux dépens de la compétition, lui montrer qu'il est unique et manifester l'amour qu'on lui porte également, voilà ce qui pourra l'aider.

– Enfin, *de six à onze ans*, l'enfant est confronté à ses pairs et aux apprentissages scolaires. Il a besoin, pour se sentir capable, que l'adulte le soutienne et l'encourage, mais aussi lui permette de s'affirmer : il a l'âge de donner son avis sur sa façon de travailler, sur la manière d'occuper ses loisirs, sur le choix de ses copains. Respecter ses idées et ses goûts (alimentaires, vestimentaires, musicaux…) ou encore l'aider à développer des projets qu'il aura lui-même élaborés (la construction d'une cabane, une collection de cartes postales…) contribue à le responsabiliser. Il faut, déjà, le laisser s'éloigner un peu : sa confiance en lui-même repose sur sa capacité d'agir sur le monde.

À chaque étape de son développement, l'enfant livre ses propres batailles. Avec son corps, ses émotions, son intelligence, il traverse les difficultés. Il se remodèle et s'en sort plus indépendant et plus fort. Il n'est pas souhaitable que les parents lui évitent cela ou montrent qu'ils ont peur pour lui : leur rôle est d'être vigilants et disponibles pour soutenir, encourager, discuter ; offrir une base de repli attentive et affectueuse. Le parent idéal n'existe pas. Celui qui est là, qui a une bonne image de lui-même et confiance en ses valeurs et son propre projet éducatif fera très bien l'affaire et saura transmettre cette force intérieure.

Pour qu'il ait confiance en lui, ne dites pas…, dites… :

• « Tu es méchant quand tu déchires », mais : « Déchirer ce livre est vraiment une bêtise » (c'est l'acte qui est répréhensible, pas l'enfant).

• « Tu es gentille », mais : « C'est très gentil de ta part d'avoir partagé tes jouets avec Paul » (le compliment est spécifique et précis).

• « Tu es vraiment pénible », mais : « J'ai beaucoup de mal à supporter quand tu cries comme ça » (on emploie le « je » qui parle de soi, plutôt que le « tu » qui accuse).

La politesse,
un travail de longue haleine

On a l'impression de répéter mille fois la même chose. Au début, c'est : « Dis merci à maman », « Prends ta fourchette plutôt que tes doigts », « Dis au revoir à la maîtresse ». Puis : « Enlève tes coudes de la table », « Mets la main devant ta bouche quand tu tousses », « Ne coupe pas la parole ». Enfin : « Tu écris à ta marraine pour la remercier », « On dit bonjour *madame* », etc. Sans parler des gros mots…

Cela vous rappelle quelque chose ? Normal. Si une certaine politesse semble se perdre, ce n'est pas faute d'essayer de transmettre l'essentiel. Mais alors, comment se fait-il que cela soit si difficile ? Pourquoi des enfants capables de retenir les guerres napoléoniennes ou les divisions semblent-ils oublier sans cesse les règles les plus élémentaires du savoir-vivre (qu'on leur rabâche pourtant depuis leur plus jeune âge) ?

Patience…

Commencé dès la petite enfance, cet apprentissage ne semble toujours pas acquis à l'adolescence. Les parents sèment des petites graines, arrosent jour après jour… mais ils ne verront le résultat que bien des années plus tard. Si certaines règles peuvent devenir des automatismes (comme se présenter au téléphone ou retenir la porte devant celui qui suit), la plupart sont appliquées de façon fluctuante. D'autres règles, enfin, ne seront utilisées que lorsque l'enfant, devenu grand, en ressentira lui-même la nécessité sociale. Il faut donc faire preuve d'une grande patience : inutile d'attendre de nos enfants ce qu'ils ne sont pas encore en mesure de fournir, mais il ne faut jamais renoncer pour autant : on œuvre pour le long terme, pour le jour où une maman nous dira : « Quel enfant charmant vous avez, quelle chance d'avoir un enfant aussi bien élevé ! »

Être poli : pour qui, pour quoi

L'apprentissage de la politesse dépend aussi, comme tous les autres, de la motivation. Pour les parents, l'affaire est entendue : savoir se comporter en société est une manière de montrer son respect de l'autre, de se faire accepter, et de rendre les relations humaines plus agréables. Mais quelle est la motivation de l'enfant ? Jeune, il veut faire plaisir à maman, et il dit « s'il te plaît » parce que cela lui permet d'obtenir ce qu'il veut. Plus grand, l'enfant ne voit pas l'utilité de semblables efforts. Au contraire, il trouve ces règles vaguement hypocrites et bien superflues. C'est là qu'il faut tenir bon, car ce travail d'éducation, personne ne le fera à notre place.

La valeur de l'exemple

L'exemple est encore et toujours le moyen le plus efficace d'enseigner la politesse. L'enfant, sans s'en rendre compte, modèle son comportement sur celui des adultes de référence, ses parents. Il est donc toujours utile de jeter un regard critique et objectif sur ses propres habitudes. Si les parents n'appliquent pas eux-mêmes les « bonnes manières » qu'ils prônent, leurs exigences seront sans effet.

Voici quelques conseils

– Soyez réaliste dans vos attentes

La politesse que l'on peut attendre d'un enfant dépend de son âge et de son développement. Mais il ne faut pas sous-estimer ses capacités non plus. Un enfant de six ans peut parfaitement apprendre à se présenter lorsqu'il répond au téléphone ou à ne pas sortir de table sans en demander l'autorisation. L'enfant ne peut pas non plus être parfait tout le temps. Il comprend vite que, selon les lieux et les situations, il doit plus ou moins contrôler son comportement, ce que nous faisons également.

– *Le petit enfant de moins de trois ans*

C'est l'âge où il faut poser les bases : les quatre mots magiques (bonjour, au revoir, s'il te plaît, merci), les débuts du respect et du partage. À cet âge, l'autre n'est pas vraiment pris en compte : les premières règles de politesse vont viser à l'introduire. La méthode la plus efficace consiste à enseigner une seule règle à la fois. Si « merci » vous semble prioritaire, concentrez-vous sur cette demande et laissez le reste de côté jusqu'à ce que l'habitude soit prise.

– *De trois à douze ans*

Avec les débuts à l'école démarre l'époque des gros mots. Si les premiers (« caca boudin ! ») font plutôt rire, les vrais nous amusent beaucoup moins. L'enfant peut vite comprendre qu'une certaine façon de s'exprimer ne doit pas franchir la porte de la maison. Au fil des années, l'influence des copains se fait prépondérante et l'enfant a vite tendance à adopter les règles du groupe. Il faut pourtant continuer à faire respecter les règles importantes à la maison. Les parents expliquent qu'ils tiennent à cette politesse et félicitent l'enfant chaque fois que son comportement le mérite.

Les règles les mieux intégrées seront les règles les plus simples et les plus claires, exprimées en termes positifs, toujours les mêmes, et répétées inlassablement, chaque fois que nécessaire.

– *À l'adolescence*

L'enfant semble soudain tout oublier de ce que vous lui aviez péniblement appris. Il parle une langue que vous ne comprenez pas toujours. Vivre de manière égoïste ou grossière est pour lui une manière de marquer son opposition et de s'affirmer. Paradoxalement, c'est aussi à l'adolescence que l'on commence à voir les fruits de ses efforts. À l'extérieur, on constate que les jeunes savent parfaitement utiliser à bon escient tout ce qu'ils semblent ignorer à la maison. C'est l'époque où les échos renvoyés par les enseignants ou les parents des copains peuvent faire chaud au cœur !

Il a mal, il ne veut pas aller à l'école

Huit heures du matin. C'est l'heure de pointe à la maison. La radio annonce la pluie et les embouteillages, le lait chauffe, on fait la file à la salle de bain, chacun se dépêche. C'est alors que la petite voix de Marine remet toute l'organisation de la journée en question : « Maman, j'ai mal au ventre… » (ou à la gorge, ou à la tête, c'est au choix, mais, de préférence, invérifiable). Que faire ? Prendre sa température ? Faire celle qui n'entend pas ? Et si Marine devait manquer l'école, comment faire pour la garder ici ?

Quelle mère n'a pas connu une telle scène, de préférence le jour où elle est dans l'impossibilité de se libérer ? On voudrait bien, dans ce cas, considérer la plainte de l'enfant comme un besoin de se faire remarquer ou un simple désir de rester au lit : tous les enfants n'utilisent-ils pas la maladie, réelle ou simulée, comme une excuse occasionnelle pour manquer l'école ? Même si c'est la troisième fois cette semaine que l'enfant invoque le mal au ventre pour rester à la maison et que le médecin consulté a clairement laissé entendre qu'il n'avait rien, les parents ne sont jamais sûrs que le forcer à aller à l'école soit la meilleure chose à faire. Ils se sentent vaguement coupables dans tous les cas. Ils aimeraient bien comprendre.

Il n'est pas toujours facile de savoir si l'enfant se sent vraiment mal, s'il veut juste se faire dorloter un peu ou s'il a un problème, à l'école par exemple. Avant de décider si l'enfant est malade et s'il convient de le garder ou non à la maison, il est bon de s'interroger sur les symptômes qu'il présente. Certains sont douteux : ils sont généralement flous, invérifiables, isolés (mal à la tête sans fièvre, mal au ventre sans diarrhée, etc.). Mais d'autres symptômes sont bien réels et nécessitent la garde de l'enfant à la maison. Voici les principaux :

– La diarrhée peut être douloureuse et contagieuse, deux raisons pour dispenser l'enfant de l'école.

– Le rhume et le nez qui coule clair méritent juste que l'on glisse un paquet de mouchoirs dans le cartable. Mais s'il s'y ajoute de la fièvre, des maux de tête ou d'oreille, une conjonctivite, ou bien une toux grasse, il est temps de faire intervenir le médecin.

– Le mal de gorge qui ne s'accompagne d'aucun autre symptôme demande seulement à être surveillé avec attention : l'évolution peut être rapide.

– Les démangeaisons et éruptions ne sont pas toutes graves ou contagieuses, mais nécessitent pourtant un diagnostic urgent, surtout si l'enfant n'a jamais eu la varicelle !

– Enfin, si l'enfant a une fièvre supérieure à 38°, il est mieux à la maison qu'à l'école, même avec une aspirine.

Reste ceux qui se plaignent sans raison médicale. Certains de ces enfants semblent excessivement douillets. Ils font du cinéma autour du moindre bobo et semblent avoir toujours mal quelque part. Ils ont compris que le fait d'être malades les mettait au centre des préoccupations et de la tendresse maternelles. Ils se sentent plus aimés, plus intéressants s'ils geignent que s'ils sont en pleine forme. Difficile de sortir de ce cercle vicieux, sauf si les parents eux-mêmes changent d'attitude : s'ils décident de récompenser la bonne santé et non la maladie ; s'ils adoptent un comportement positif et dynamique face aux questions de santé ; s'ils ne se plaignent pas eux-mêmes de leurs propres malaises ; s'ils encouragent chez leur enfant d'autres moyens d'attirer leur attention et leur affection (aider à la maison, fabriquer quelque chose de ses mains, etc.).

Il y a enfin tous les autres cas. L'état de l'enfant ne justifie pas, sur le plan médical, qu'il manque l'école. Ce n'est pas non plus dans ses habitudes de se plaindre pour obtenir de l'affection ou de l'intérêt. Si la même scène, pourtant, se reproduit, il va bien falloir lui trouver une cause. L'enfant n'est pas un simulateur : il exprime une difficulté avec les moyens qui sont les siens. Parler avec l'enfant est la première façon d'essayer de comprendre les raisons de son comportement.

– S'agit-il d'un refus masqué de l'école ? Y a-t-il un problème scolaire que vous auriez sous-évalué ? Rencontrer l'enseignant pourra sans doute vous renseigner.

– La raison est-elle à rechercher à la maison ?

Paul réagissait aux conflits fréquents qui opposaient ses parents : il craignait ce qui pouvait arriver en son absence et faisait son possible pour ne pas quitter la maison. Quant à Marion, elle avait repéré que le petit frère, lui, restait toute la journée avec maman, et ne voyait pas pourquoi elle ne pourrait pas en faire autant.

– L'enfant, enfin, peut vivre un moment psychologique difficile. Rien n'est très visible, hormis cette difficulté à se séparer, ou bien le manque d'entrain. Avoir mal au ventre est une façon de se plaindre d'autre chose : du manque de temps que ses parents lui consacrent, du peu de temps qui lui reste

---

« Il a mal à l'école ! »

Quand c'est possible, exceptionnellement, passer une journée avec son enfant à la maison est bien agréable : pour le parent qui prend plaisir à dorloter et à écouter, pour l'enfant qui profite de ce temps où il a un parent tout à lui. Comme l'a écrit Françoise Dolto : « Quand les enfants ont le cœur qui en a ras le bol, qu'ils n'en peuvent plus, ils ont besoin de ne pas aller à l'école, même s'ils ne sont pas malades. »

pour jouer, d'un trop ou d'un trop peu, le plus souvent passager.

Ces douleurs-là sont difficiles à évaluer mais elles ne méritent pas d'être nommées « comédies ». Elles doivent être prises en compte, être entendues et analysées.

Fratrie : chacun sa chambre ?

C'est une idée très répandue, qui dicte l'attitude de nombreux parents dans le choix ou l'aménagement de leur maison : il est mieux que chaque enfant ait sa chambre. Quitte à ce que les parents, eux, dorment dans le salon. Mais est-il si sûr que cette solution soit la meilleure pour l'épanouissement de chacun ? La réponse dépend de nombreux facteurs.

La répartition de l'espace familial

Il n'est pas rare qu'une mauvaise gestion de l'espace familial soit la cause de malaises comme de troubles du sommeil chez l'un ou l'autre des membres de la famille : chambre individuelle peu investie, chambre parentale aux multiples fonctions, etc. Pour que chacun se sente en sécurité, il est souhaitable que les parents aient un espace intime pour abriter leur couple, que le salon soit le centre convivial de la maison, le lieu des échanges familiaux, et que la (les) chambre(s) des enfants ne soit pas seulement un dortoir, mais aussi un espace de plaisir et de jeux partagés.

Quatre « bonnes » raisons pour donner une chambre à chaque enfant

En admettant que l'habitation le permette, c'est souvent le bon choix dans les cas suivants :
– *Les enfants sont de sexes différents.* Tant qu'ils sont petits,

pas de problèmes. Mais, en grandissant, il est normal que leurs jeux et leurs centres d'intérêt divergent. Normal aussi, pour certains, lorsqu'ils grandissent, que des notions de pudeur puissent finir par créer un malaise. Dans les familles nombreuses, il arrive que l'on fasse la chambre des filles et la chambre des garçons.

– *L'écart d'âge est important.* Là encore, les centres d'intérêt sont tellement différents qu'ils rendent forcément la cohabitation difficile, mais pas impossible. Elle demande à l'aîné une grande patience et au petit d'apprendre le respect de ce qui ne lui appartient pas.

– *Les conflits entre les enfants sont très fréquents.* Quels que soient les efforts des parents, il arrive que deux frères ou deux sœurs traversent des phases très conflictuelles, de rivalité et de bagarres sans fin. Si les deux enfants se disputent sans arrêt, il est préférable de leur donner la possibilité de s'isoler, chacun dans leur espace.

– *C'est la demande de chacun des enfants* et vu la taille de la maison, il n'y a aucune raison de ne pas le leur accorder.

Quatre « bonnes » raisons de partager la chambre

Partager la même chambre présente de nombreux avantages, cela d'autant plus que les enfants sont de même sexe et d'âges proches.

– *Cela aide à lutter contre les démons de la nuit.* Tous les petits enfants, entre deux et dix ans environ, ont peur de l'obscurité. Être deux (ou trois), c'est être deux fois plus forts pour chasser tous les monstres cachés sous le lit et les voleurs embusqués dans les placards !

– *Cela apprend à négocier et à partager.* Partager sa chambre, même si elle est grande, cela oblige à faire de la place à l'autre. Avec le temps, on devient vite solidaires et complices. Les bêtises se font à deux, les bonnes surprises aussi.

– *Cela double la quantité de jouets disponibles.* La chambre étant aussi, le plus souvent, l'endroit où sont rangés les jeux et les jouets, vivre à deux dans cette chambre, c'est avoir, à portée de main, deux fois plus de jouets et le partenaire qu'il faut !

– *Cela impose à chacun l'apprentissage du respect.* Vivre à deux dans un petit espace, c'est devoir apprendre, parfois rudement, à respecter l'autre, ses affaires personnelles, ses secrets, son rythme, ses petites habitudes. C'est apprendre, aussi, à se faire respecter.

Il est important que l'enfant se sente bien dans sa chambre

C'est finalement l'essentiel. Jusqu'à ce que l'aîné entre au collège ou entame son adolescence, les enfants sont souvent heureux d'être dans la même chambre, pourvu que chacun ait son coin à lui (bureau, étagère ou tiroir) inaccessible aux autres (par respect ou par clé). On peut aussi diviser la chambre par une cloison symbolique (étagère, store coulissant) ou en installant une mezzanine.

Mais pourquoi séparer des enfants qui préfèrent rester ensemble dans la chaleur, même conflictuelle, de la fraternité ? Avant onze ou douze ans, ils ne sont pas demandeurs de solitude, mais de vitalité.

Vous avez autant de chambres que d'enfants ? Transformez-en une en salle de jeux…

Quand les parents avaient rêvé
d'avoir une chambre à eux

C'est souvent une des raisons du choix des parents. Lorsqu'ils étaient enfants, ils ont dû partager leur espace avec leurs frères et sœurs et en gardent parfois des souvenirs amers. Alors ils veulent offrir à leurs enfants ce qu'eux n'ont pas eu, mais dont ils ont rêvé : une chambre à soi. Sans se demander si ce rêve est aussi celui de leurs enfants, et si cette demande est bien la leur.

L'âge de raison, un virage délicat

D'un enfant de sept ans, on dit qu'il a l'âge de raison. Est-ce parce qu'il est capable de raisonner, ou bien parce qu'il veut toujours avoir raison ? Peut-être est-ce simplement parce qu'il nous paraît devenu moins déraisonnable...

La petite enfance se termine. Elle était vécue sous le signe de la magie et de l'imaginaire. Pour le petit, tout était possible, les fées comme le Père Noël, le chien qui parle comme le fantôme sous le lit. Il fabulait facilement, ne démêlant pas toujours le « pour de vrai » du « pour de faux ». La morale était celle de l'autorité, le bien, celui que les parents prônaient. L'univers se bornait à l'entourage immédiat.

Autour de sept ans, la pensée de l'enfant devient plus logique, plus concrète, et elle se confronte directement à la réalité. La « raison » se construit : l'enfant admet les notions de causes et de conséquences obligées, il élabore des raisonnements (« Même s'il existait, le Père Noël, je ne vois pas comment il pourrait aller dans toutes les maisons la même nuit ! », « L'avion, si son moteur tombe en panne, pourquoi il ne peut pas continuer à planer ? »). Cela le rend plus « raisonnable » : il résiste mieux à la frustration et se montre capable de différer son désir (« S'il fait beau dimanche, papa m'emmènera faire du vélo », « À Noël prochain, je demanderai une paire de jumelles »). Il peut nuancer ses idées, en discuter, participer à la prise de décisions et accepter des compromis. Grâce à tout cela, il devient une personne à part entière et exige que l'on tienne compte de son avis.

Sur les plans émotionnel comme intellectuel, il est prêt à se tourner vers les apprentissages scolaires et vers l'abstraction. Tout l'intéresse : le cercle de sa curiosité s'élargit en même temps qu'il commence à bien se repérer dans le temps et dans l'espace. Comme il se sert de sa réflexion pour tempérer son imagination, il a moins peur des monstres, du médecin et de rester seul. Il reste sensible encore à l'obscurité mais ses peurs essentielles sont devenues sociales : il a peur d'être ridicule ou redoute que l'on se moque de lui. Le monde extérieur l'attire : il se prépare à s'y lancer. L'enfant de sept ans connaît parfaitement les règles de la vie familiale : à la maison, il se montre serviable et désireux de faire plaisir. Il commence également à appréhender celles de la vie en société : même s'il se montre timide, il est capable d'aller seul chercher le pain au bout de la rue et de revenir de l'école si le trajet est sans grands risques. C'est le moment de lui confier quelques responsabilités domestiques (aller poster une lettre, mettre seul la table, préparer ses habits du lendemain, etc.) et de lui montrer que l'on a confiance en lui.

On voit bien que l'âge de raison entraîne de grands changements sur le plan social. Jusque-là, les relations de l'enfant étaient surtout marquées par son égocentrisme. Même s'il n'est pas, à sept ans, devenu capable de se mettre à la place de l'autre, il a pris conscience de lui-même. Il se connaît, peut s'autocritiquer et respecter des principes moraux. Mais surtout, les copains ont pris une place qu'ils n'avaient pas jusque-là. Leur fraternité est souvent plus importante que les câlins de maman. L'enfant prend sa place d'individu unique et responsable dans la société.

Tous ces progrès ne se font pas sans douleur. L'enfant de sept ans doit à la fois faire son deuil de ses rêves infantiles et subir la pression des contraintes familiales et scolaires. Devenir raisonnable est bien difficile lorsque l'on se sent encore petit, maladroit et en proie la nuit à de grands cauchemars. C'est alors que l'on a besoin d'être soutenu dans son évolution par la confiance sans faille de sa maman et l'estime répétée de son papa.

Quelques conseils pratiques

- Si votre enfant dort encore avec une peluche, un doudou ou une veilleuse, laissez-le faire et ne vous moquez pas : c'est à lui de décider du moment où il s'en passera.
- N'insistez pas pour rapprocher les filles et les garçons qui jouent séparément : ils le feront tout seuls à l'adolescence !
- Si ce n'est pas encore le cas, votre enfant doit maintenant se laver seul. C'est à lui de prendre soin de son corps.
- Prenez chaque jour un petit temps pour parler avec lui de ce qui l'intéresse ou de ce qui le préoccupe.
- Votre enfant grandit, devient autonome et s'éloigne de vous. Même si c'est difficile, dites-vous que c'est une bonne chose.

Mon enfant se tient si bien...
chez les autres

Vous voulez juger des résultats de l'éducation que vous avez donnée à votre enfant ? Envoyez-le passer quelques jours chez sa tante, on bien acceptez qu'il se rende à l'invitation de passer le week-end chez son copain Florian.

Vous serez sûrement étonnée de ce que l'on vous dira de lui. Il aidait spontanément à mettre la table, il a mangé de la ratatouille, il tirait sa couette tous les matins... Alors qu'à la maison, vous avez l'image d'un enfant qui en fait le moins possible et n'aide, de bien mauvaise grâce, que lorsque vous vous fâchez.

Finalement, que nos enfants soient capables, lorsque la situation l'exige, de se tenir correctement et d'appliquer des préceptes longuement répétés, est assez rassurant. Imaginez que ce soit l'inverse, et qu'il oublie, la porte à peine franchie, tout ce que vous lui avez enseigné ! Contrairement à ce que vous auriez pu croire, votre éducation a porté.

À la maison, on se détend

Mais pourquoi ne l'applique-t-il pas à la maison aussi spontanément ? Parce que, pour l'enfant, son foyer est d'abord le lieu de la tolérance, de la chaleur. C'est l'endroit où l'on peut se laisser aller et relâcher ses efforts, où l'on se sent accepté et aimé inconditionnellement. Ne réagissons-nous pas un peu pareillement ? Le « chez-soi » n'est-il pas le lieu où nous pouvons, à l'abri des regards extérieurs, nous laisser aller et oublier provisoirement efforts et tensions ? Il faut bien comprendre que, pour l'enfant, être « bien élevé » n'est pas encore une habitude, mais une lourde contrainte, qu'il applique en dehors de chez lui, lorsqu'il veut se faire apprécier et, peut-être, vous rendre hommage.

La situation a de bons et de mauvais côtés

Comment pouvez-vous en tirer parti ?

– Faites souvent inviter votre enfant chez les autres, afin qu'il expérimente sa « bonne éducation » : elle deviendra plus vite une habitude.

– Invitez souvent chez vous des copains de vos enfants. Eux auront à cœur de bien se tenir et serviront d'exemple à vos enfants.

– Certains soirs, ou bien le dimanche midi, jouez « au grand restaurant » à la maison, ou bien jouez à « manger chez la princesse ». On s'habille soigneusement, on utilise les couverts à poisson et les fourchettes à gâteaux, on ne se coupe pas la parole, etc. Soignez le menu et demandez à chacun de se comporter comme si ce repas se tenait dans un lieu très chic, très « classe »…

– Montrez très concrètement à votre enfant, en attirant son attention sur des anecdotes quotidiennes, les bienfaits de la courtoisie. Qu'il comprenne les avantages très réels qu'il retirera du fait d'être bien élevé. Par exemple avec ses professeurs…

– Expliquez à votre enfant que vous comprenez son besoin de se détendre, mais qu'il y a, y compris à la maison, quelques bases minimum de correction sur lesquelles vous ne transigerez pas. Exposez-les clairement et veillez à ce qu'elles soient respectées.

– Modulez vos exigences : elles peuvent être différentes selon qu'elles concernent la chambre de l'enfant, lieu privé, et les lieux communs à tous. Il est acceptable qu'à douze ans il ne range pas son bureau à votre idée, mais ce l'est moins qu'il laisse des cheveux plein la baignoire ou les restes de son goûter sur la table de la cuisine.

– Donnez l'exemple. Les enfants sont plus sensibles aux actes qu'aux discours. Ils auront toujours tendance à modeler leur comportement sur le vôtre.

Encore une dernière chose importante

Vous vous sentez rassurée et contente lorsque ceux qui ont reçu votre enfant vous complimentent sur sa gentillesse et son éducation. Alors, n'oubliez pas d'en faire autant lorsque vous recevez un enfant chez vous : cela rassurera ses parents, qui, probablement, partagent vos inquiétudes !

Le minimum exigible des moins de douze ans à la maison

- Mettre quotidiennement son linge dans le panier à linge sale. Tirer sa couette. Tenir sa chambre dans un ordre « raisonnable ».
- Répondre poliment au téléphone, en se présentant.
- Ne pas interrompre les gens qui parlent.
- Dire systématiquement *bonjour, au revoir, s'il vous plaît, merci*.
- Aider aux tâches ménagères courantes (si vous avez plusieurs enfants, organisez un tour).

Il a chapardé. Que faire ?

Les parents ont la mémoire courte. Le vol, dans l'enfance, est si banal que beaucoup d'entre eux ont certainement « chipé » à un moment ou à un autre de leur enfance ou de leur adolescence, sans pour autant être devenus des délinquants. Qu'importe : même si le vol est minime, tout parent confronté à cette situation s'inquiète immédiatement. Il suffit qu'il s'aperçoive que son enfant s'est emparé de quelque chose qui ne lui appartenait pas pour s'affoler, se fâcher, craindre pour son avenir…

La situation est pourtant fréquente. Quelle maman n'a pas retrouvé, dans la petite main poisseuse de son enfant, la sucette qu'elle avait refusé de lui acheter en faisant la file à la caisse dix minutes plus tôt ? Laquelle n'a pas récupéré, au fond du lave-linge, une petite voiture qu'elle est certaine de n'avoir jamais vue auparavant ? Mais cette fréquence, si elle a le mérite de rassurer, ne signifie pas qu'il faille s'en désintéresser. Voler est un acte malhonnête, et l'honnêteté est un apprentissage. Alors, que faire ?

Tenir compte de l'âge de l'enfant
On ne peut parler de vol que pour un enfant qui sait ce qu'il fait. Cette prise de conscience se précise entre trois et six ans. Donc, jusque-là, tant que le sens de la propriété n'est pas bien établi, il ne s'agit pas de vol mais de « chapardage ». L'enfant prend ce qui lui plaît, au moment où il le désire,

sans se soucier des conséquences pour autrui. Comme il se sent au centre du monde, l'enfant s'empare de tout ce qui fait partie de son « territoire », c'est-à-dire ce qu'il perçoit. C'est progressivement, selon l'attitude des parents, qu'il apprend que « c'est mal » et qu'il « faut demander ».

Essayer de comprendre

Quelles sont les circonstances du vol (à la maison, à l'école, chez un copain, dans un magasin) ? S'agit-il d'un événement accidentel ou d'un comportement qui s'est déjà produit ? Quelles raisons donne l'enfant pour expliquer son acte ? Il est important d'essayer de comprendre, or les motivations sont multiples et dépendent de chaque enfant. En voici quelques-unes, qui sont autant de pistes de réflexion.

– Le vol est utilitaire. L'enfant avait très envie d'une chose qu'il n'avait pas les moyens d'acheter ou que ses parents lui ont refusée. Il s'est servi, dans le magasin ou dans le porte-monnaie de sa mère.

– Le vol est généreux : l'enfant prend pour donner. S'il vole, c'est pour offrir. Il peut s'agir de faire plaisir à sa maman, ou bien de s'acheter des amitiés. Ainsi, certains enfants se sentent obligés d'arriver tous les matins à l'école les poches pleines de bonbons.

– L'enfant éprouve un sentiment d'infériorité par rapport à ses copains. Dans ce cas, il peut voler des attributs (jouets, vêtements, accessoires) qui vont le valoriser. Dans le même ordre d'idées, l'enfant peut voler sous la pression des copains, pour « ne pas se dégonfler ».

– L'enfant a une difficulté psychologique sous-jacente. Celle-ci peut être faite de rancune, de frustration, d'incompréhension. Le vol peut alors être une vengeance, une manière de combler un manque affectif ou un simple besoin d'attirer l'attention sur un problème.

Et le racket ?

Un nombre croissant d'enfants sont victimes de racket : ils sont contraints à voler (par exemple, de l'argent à leurs parents) par des plus grands (plus costauds, plus nombreux), qui les menacent de représailles. La peur les empêche d'en parler. Ces enfants ont besoin d'aide. Un numéro de téléphone gratuit a été mis en place où parents et enfants trouvent écoute et conseils : *Jeunes violences écoute*, au 0 800 20 22 23 (de 8 heures à 23 heures, 7 jours sur 7).

Prévenir

La prévention chez le petit enfant passe par trois éléments :
– Lui enseigner le sens de la propriété : distinguer ce qui est à lui et dont il a le libre usage, de ce qui est à toute la famille ou à toute la classe, ce qui est à autrui. Lui donner de l'argent de poche lui apprend que les choses se payent et lui permet de satisfaire librement quelques désirs.
– Lui apprendre l'honnêteté. Cela consiste à lui expliquer très clairement que « voler, c'est mal » et qu'on ne prend pas sans autorisation. On le fait réfléchir : « Que dirais-tu si quelqu'un te prenait tes affaires ? »
– Être pour son enfant, très concrètement, un modèle d'honnêteté.

Bien réagir

Ce qui veut dire ni trop (s'affoler, le traiter de voleur), ni trop peu (sans y attacher d'importance). Il est normal de se fâcher un peu, surtout si l'enfant a plus de cinq ans. Il faut aussi s'expliquer calmement et clairement : prendre sans autorisation un objet qui n'est pas à soi est malhonnête ; les adultes qui le font vont en prison.
Puis on demande à l'enfant ce qu'il compte faire pour réparer. S'il ne le suggère pas de lui-même, on insiste pour qu'il aille rendre les objets volés et s'excuser. Se retrouver face à la personne qu'il a volée est difficile et très inconfortable

(pour les parents comme pour l'enfant !), mais c'est une démarche réellement pédagogique.

Finalement, presque tous les jeunes enfants volent, au moins « pour voir ». S'il s'agit d'un fait isolé, cela est sans conséquences. Par leur comportement attentif, tendre et ferme, les parents permettent que tout rentre rapidement dans l'ordre.

Le petit chat est mort...

La durée de vie de nos animaux domestiques est brève. Ils sont, comme nous, sujets à la maladie, à l'accident et au vieillissement. Si bien qu'il est fréquent que nos enfants soient confrontés à cette épreuve pénible qu'est la perte de leur petit compagnon. Cette perspective fait même hésiter certains parents avant d'accueillir un animal. Pourtant, cette expérience de la mort, souvent la première à laquelle l'enfant est confronté, peut être formatrice autant que douloureuse. L'enfant sait que la mort fait partie de la vie : très tôt, il joue à la guerre, à « Pan ! Pan ! Tu es mort ! », et il s'allonge, immobile, quelques secondes. Il voit des morts nombreuses à la télévision. Seuls ses parents peuvent croire qu'il ne sait rien de la mort et qu'il ne s'y intéresse pas. Lui, s'il osait, vous poserait bien quelques questions...

Comment anticiper
L'enfant réagira d'autant plus positivement à la mort de son animal que vous aurez déjà évoqué ce sujet avec lui et qu'il sentira qu'il n'y a pas de tabou à en parler. Vous pouvez lui expliquer que le chat et le chien vivent une quinzaine d'années, le hamster deux ans seulement, etc. Quand l'animal de la maison devient âgé, parlez du moment où il ne sera plus là.
Les occasions de parler de la vie et de la mort ne manquent pas, devant un cadavre d'insecte par exemple. Expliquez

qu'il ne respire plus, que son cœur ne bat plus, et que rien, sur cette terre, ne vit éternellement. S'il pose des questions, répondez clairement, d'autant plus simplement que votre enfant est jeune.

Comment lui annoncer la mort de son animal ?

Si le décès est prévisible, avertissez votre enfant qu'il n'y en a plus pour longtemps. Montrez-lui comment il peut dire au revoir à son chat et adoucir ses derniers instants. Si vous devez faire pratiquer une euthanasie, expliquez à l'enfant que le vétérinaire va aider l'animal à mourir en douceur, sans qu'il souffre davantage.

Quant à la mort elle-même, elle doit être dite en termes simples : « Le chat était très malade, et il est mort maintenant. » Il est important d'employer des mots vrais. Lui dire que son chien « est parti » le ferait attendre en vain son retour. Lui annoncer qu'il s'est « endormi pour toujours » peut faire naître des idées fausses sur le sommeil et engendrer des difficultés d'endormissement.

Comment va-t-il réagir ?

Cela dépend du caractère de votre enfant, et de son âge. Chez l'enfant très jeune, qui n'a pas encore de représentation de la mort et guère le sens du temps, la réaction sera souvent modérée. Chez l'enfant plus grand, quand est apparue l'angoisse de séparation, la réaction peut être plus vive. D'autant qu'il a eu plus de temps pour s'attacher à l'animal.

L'important est de laisser l'enfant réagir comme il le sent. Ne jugez pas son attitude : donnez-lui le droit d'être triste… ou non. Certains enfants vont réagir au décès de leur animal comme à tout changement brusque qui survient dans leur vie : par des manifestations d'irritation et de colère, par des caprices ou des difficultés de sommeil. Patience et compréhension permettront que tout rentre dans l'ordre. D'autres enfants, alors qu'ils adoraient l'animal, sembleront d'une relative indifférence, vous laissant ignorer ce qui se passe « à l'intérieur ». Considérer l'animal comme un enfant de la famille et projeter sur lui sa propre angoisse de mort sont des comportements d'adulte, dont les enfants sont généralement protégés.

Il est important de parler

La mort de l'animal familier va souvent susciter des inquiétudes chez l'enfant. Si la mort emporte son chat, qui peut-elle emporter d'autre ? S'il sent que c'est possible, il posera les questions qu'il a sur le cœur. À vous de trouver les mots vrais qui le rassureront.

« Mais pourquoi il est mort ?
– Parce qu'il était vieux (ou malade, ou qu'il a eu un accident). Parce que c'est la vie : tout le monde meurt un jour.
– Toi aussi, tu vas mourir ? Moi aussi ?
– Oui, nous tous, mais dans très longtemps. Pour l'instant nous n'avons pas fini de vivre, loin de là. »
Il est important d'aider l'enfant à exprimer ses sentiments, même s'ils vous inquiètent ou vous surprennent.

Faire son deuil

Votre enfant aura peut-être besoin de votre aide et d'un peu de temps pour faire son deuil. Vous pouvez lui expliquer que ceux qui meurent continuent à vivre dans le cœur de ceux qui les ont aimés. Regardez ensemble des photos du chat, rappelez-vous ensemble les attitudes et les habitudes

---

Faut-il adopter vite un autre animal ?

Certains parents peuvent avoir l'impulsion de remplacer très vite l'animal décédé. Adopter un nouvel animal peut effectivement aider un deuil à se terminer, mais inutile de se précipiter. Mieux vaut attendre quelque temps, puis emmener l'enfant choisir son compagnon : il s'y attachera très vite, mais sans qu'un amour efface l'autre.

qui étaient les siennes et qui faisaient la vie de tous les jours. Incitez-le à écrire un texte ou un petit poème en l'honneur de son chat. S'il le souhaite, suspendez une photo au mur de sa chambre. Il est important pour chacun de pouvoir continuer à évoquer l'animal : « Tu te souviens quand il se couchait sur toi, le soir ? »

La perte de son animal favori n'est pas une épreuve gratuite. C'est l'occasion pour l'enfant de s'oublier lui-même, de grandir et d'avancer dans sa compréhension de la vie.

S'il a tendance à mentir ou s'obstine à nier

Lequel d'entre nous ne s'arrange pas, parfois, avec la vérité ? Qui n'a pas cherché à dissimuler une erreur, lorsqu'elle risquait de lui coûter gros ? Pourtant, quand l'un de nos enfants nous ment, qu'il s'obstine contre l'évidence, cela nous met hors de nous. Derrière ce qui est ressenti comme un affront pointe l'inquiétude : mon enfant est-il un menteur ? Ou bien encore un lâche qui n'affronte pas les conséquences de ses actes ?

Il faut d'abord comprendre que la différence entre le réel et la fiction est un concept difficile, qui demande des années pour être compris. Le petit enfant « prend ses désirs pour des réalités » : s'il raconte un mensonge, il pense que celui-ci pourrait bien, à force d'insistance, devenir la vérité. Lorsque Manon, quatre ans, les mains et le visage barbouillés de traces marron, déclare à sa maman, en la regardant droit dans les yeux, que « non, elle n'a pas touché à la tablette de chocolat », c'est à la fois amusant et touchant. À dix ans, c'est carrément exaspérant ! Aussi la question du rapport des enfants à la vérité doit-elle être abordée différemment selon leur âge.

Jusque vers quatre ans, le principe qui gouverne les actes de l'enfant est son désir de faire plaisir à ses parents. Ce qui les réjouit, c'est le bien ; ce qui les contrarie, le mal. Si le petit intrépide avoue à maman qu'il a désobéi en allant sur le grand toboggan, elle sera mécontente. La solution qui s'impose, ce qui lui semble le plus naturel, c'est de mentir en l'assurant du contraire. Inutile de prendre le fait qu'il nie pour un affront personnel : son but est uniquement de fournir la réponse qui fera plaisir, celle que maman attend.

Jusque vers six ans, l'enfant peut avoir du mal à faire la part entre le fait réel et la fiction. Dans les histoires ou les émissions de télévision, il ne sait pas trop ce qui est « pour de vrai » et ce qui ne l'est pas. Nous lui parlons du Père Noël comme d'un personnage réel, il nous jure l'air innocent qu'il n'a pas touché à la télécommande. Plutôt que de se fâcher face à ses mensonges, mieux vaut l'aider, à travers les jeux et les expériences partagées, à faire la part entre le « vrai de vrai » et le reste. Le loup dévorant la mère-grand, les monstres cachés sous le lit… c'est pour rire ! Grand-père qui vient dîner, la douleur de sa sœur qu'il a tapée… c'est pour de vrai !

C'est aussi dès quatre ou cinq ans qu'il est souhaitable, en présence de l'enfant, d'être un modèle d'honnêteté. N'oublions jamais que les enfants copient les attitudes de ceux qu'ils aiment et admirent le plus : leurs parents. S'ils vous voient mentir sur leur âge pour bénéficier d'une réduction ou nier être passé au rouge pour éviter la contravention, ils auront vite compris que mentir peut rendre de grands services ou éviter bien des embêtements. Et ils en feront autant à la première occasion.

À partir de l'âge de raison, l'enfant sait très bien qu'il ment, et cela le met généralement mal à l'aise. Mais il a de bonnes raisons pour cela. La principale est d'éviter un châtiment, voire une simple réprimande. Il préfère encore nier l'évidence, ou accuser quelqu'un d'autre de ses bêtises (de préférence celui qui ne peut pas se défendre, le chien par exemple). Cette attitude est banale, même chez des enfants élevés par des parents tendres et compréhensifs. Même chez des enfants de dix ou onze ans, âge où ils acquièrent pourtant une nouvelle maturité et ne supportent pas qu'on leur mente. Alors, que faire ?

— N'incitez pas au mensonge. C'est le cas lorsque, déjà en colère, vous interrogez l'enfant sur sa responsabilité : « Tu n'as quand même pas encore cassé un verre ? » Même le plus honnête tentera de vous convaincre que non.

— Ne posez pas de questions. Dites plutôt ce qui a été mal fait et quel est votre sentiment : « Je suis ennuyée qu'un autre verre ait été cassé, et je ne crois vraiment pas que ce soit le chien qui ait caché les morceaux au fond de la poubelle... »

— Il nie ? Ignorez ses dénégations, mais ne le coincez pas. Ne l'écrasez pas sous les preuves et la logique. Le but est de lui donner du courage, pas de le culpabiliser encore davantage.

— Offrez-lui une porte de sortie : « Je vois que nous ne pensons pas la même chose à propos de ce qui s'est passé. Bien. Nous en reparlerons un autre jour. » Ou encore : « Puisque tu ne peux rien me dire, peut-être peux-tu m'écrire un mot ? Je serais très fière de toi si tu le faisais. »

— Ne punissez pas trop les bêtises. Sinon, nier est une chance pour l'enfant d'éviter la sanction. L'enfant est maladroit, mais toujours désireux de bien faire et de rendre service. S'il a abîmé, il ne l'a pas fait exprès. N'accordez pas plus d'importance aux objets qu'à celui qui les a cassés. Trouvez plutôt avec lui la manière de réparer...

Et les ados ?

Le plus souvent, l'adolescent qui nie, le fait face à des parents qu'il considère, à tort ou à raison, comme trop rigides, incapables de l'écouter comme de comprendre ses désirs et ses motivations. Il craint la répression et le manque de liberté : plutôt que de s'expliquer, il ment. Pour d'autres, nier est une façon de mettre sa vie intime à l'abri de l'incursion ou de la curiosité parentales. Mentir devient alors une manière de se mettre en retrait et de se protéger.

Il arrive que l'enfant mente pour d'autres raisons que la peur d'être grondé. La jalousie peut l'y inciter (il veut paraître aussi bien que son copain, être mieux aimé que son frère) ; la honte également (il ne peut pas accepter l'image de lui que lui renverrait un aveu). Dans tous les cas, ce dont l'enfant a besoin, c'est de se sentir aimé et accepté. L'écraser dans son mensonge renforce ce dernier. Savoir lâcher, savoir pardonner, juger l'intention plutôt que l'acte, et surtout faire confiance à l'enfant, sont autant d'attitudes qui le rendent raisonnable. Il se sent alors incité à avoir le courage de ses actes.

Quand un enfant doit aller chez le psy

Le conseil vient du médecin généraliste ou du pédiatre, de l'instituteur ou d'une amie proche : « Vous devriez emmener votre enfant voir un psychologue. » Pour les parents, c'est toujours difficile à entendre. Bien sûr, ils voyaient bien que quelque chose n'allait pas, mais de là à penser qu'il faudrait consulter… Aux parents, on a trop dit qu'ils étaient coupables chaque fois que leur enfant avait un problème. Voir un psy, c'est accepter de se confier, de se remettre en question, d'avouer son impuissance. Pas facile. Si bien que cela suscite de l'espoir d'un côté, de la méfiance et de l'anxiété de l'autre.

Dans quels cas va-t-on voir un psychologue ?
Chaque fois qu'un enfant semble malheureux. Quand un changement brusque de comportement attire l'attention. Quand il y a des problèmes durables de sommeil, d'alimentation, de propreté, d'agressivité ou de peurs excessives. Les cas sont très divers. Voici quelques exemples.
Depuis deux semaines, Estelle, quatre ans, ne veut plus aller à l'école. Le matin, elle s'agrippe à sa maman en pleurant. Sa maîtresse la trouve morose. Personne ne comprend et Estelle ne dit rien.
Guillaume a sept ans, c'est un enfant intelligent, vif, curieux.

Pourtant il n'arrive pas à apprendre à lire. Il ne se concentre pas et ne retient rien. On parle de redoublement.

Sabine a treize ans. Depuis la mort de son chien il y a trois mois, elle pleure toutes les nuits dans son lit, inconsolable, malgré le nouveau petit chiot que ses parents ont décidé d'adopter.

Ethan a cinq ans. Précoce, il sait déjà lire tout seul et s'intéresse à mille choses. Ses parents se posent la question d'un passage anticipé au cours préparatoire. Mais c'est un enfant déjà bien solitaire…

Qui aller voir ?

Le choix est important et délicat.

Vous pouvez demander un rendez-vous au C.M.P.P. (Centre médico-psycho-pédagogique) le plus proche de votre domicile, dont vous aurez l'adresse à la mairie. L'avantage est que vous ne payez presque rien. Les inconvénients sont les délais d'attente et le fait que vous ne choisissez pas votre psychologue.

Vous pouvez aussi consulter un psychologue indépendant. Les prix et les façons de travailler diffèrent : renseignez-vous au téléphone. Vous trouverez des adresses dans l'annuaire, mais le mieux est de chercher une recommandation par un médecin, une voisine ou l'école. Il est important d'avoir affaire à quelqu'un d'expérimenté, qui a un bon contact avec vous et avec votre enfant. Si le courant ne « passe » pas, changez.

Si le problème est lié à l'école, vous pouvez demander à rencontrer le psychologue scolaire (en passant par le directeur). Il n'entamera pas de thérapie, mais il pourra utilement vous renseigner, vous rassurer ou vous orienter.

Que fera le psy ?

La (ou les) première séance a pour but d'exposer le problème et de recueillir des informations sur les comportements, les émotions, la personnalité, les compétences de l'enfant, ainsi que sur son entourage scolaire et familial. Cette première visite n'est pas un engagement, mais un entretien pour mieux comprendre ce qui se passe. Elle réunit l'enfant et ses parents. Il arrive souvent qu'elle soit suffisante : le psychologue explique, donne quelques conseils ou recommandations, suggère de prendre patience. L'enfant est sensible au fait d'avoir été entendu à propos de ses difficultés : les choses s'arrangent.

Parfois le psychologue suggère de faire passer des tests à l'enfant. Ceux-ci peuvent définir certaines compétences ou bien mettre en évidence des difficultés personnelles. Ils offrent un éclairage qui peut être très enrichissant. Les résultats seront toujours interprétés avec prudence et resitués dans le contexte propre à l'enfant.

Si quelques séances ne suffisent pas à résoudre le problème, le psychologue peut proposer de commencer un travail de psychothérapie avec l'enfant lui-même, seul ou accompagné. Selon l'âge de l'enfant, il se servira, en plus du langage, de supports comme le dessin ou le jeu. Les séances ont lieu une fois par semaine, et la durée totale du travail est très variable. Il ne faut pas hésiter à se donner un peu de temps.

Les « psy » : qui fait quoi ?

Il est parfois difficile de se repérer parmi les différents « psy ». Les psychiatres sont des médecins. Les psychologues sont diplômés de l'université (bac + 5 minimum pour avoir droit au titre). « Psychothérapeute » ne se réfère pas à une formation précise et signifie seulement « pratique des psychothérapies ». Les consultations avec un psychologue diplômé sont maintenant remboursées par certaines mutuelles. Téléphonez à la vôtre pour vous renseigner.

Craindre d'aller chez le psy serait dommage. Le temps est passé où l'on pouvait se dire : « Pas question : mon enfant n'est pas fou ! » Non, il traverse juste une passe où il a besoin d'aide, et les parents, malgré tout leur amour, sont souvent démunis. Plus le problème est pris tôt, plus il se résout vite. Quelques séances offrent à la famille l'occasion de porter un nouveau regard sur sa manière d'être et de repartir, encouragée, sur de meilleures bases. L'enfant est soulagé de sentir qu'on est désireux de le comprendre et de l'aider.

Sachez mettre vos enfants en garde contre les abus sexuels

Depuis notre enfance, le monde a bien changé. Quelques règles simples suffisaient à nous protéger : « Tu ne suis pas les étrangers », « Tu rentres avant la nuit », « Tu préviens si tu es en retard. » Tout cela est encore valable, bien sûr, mais devenu insuffisant. On parle de plus en plus d'abus sexuels, ce qui ne signifie pas qu'ils soient plus fréquents, mais que les enfants osent parler et que leur parole est prise en compte. Les parents savent bien qu'il est impossible de protéger totalement son enfant, mais il est indispensable d'essayer. La tâche est difficile. Tout parent désireux de mettre son enfant en garde se trouve vite confronté à un dilemme. D'une part : comment informer sans pour autant inquiéter ou rendre craintif ? D'autre part : comment assurer la sécurité de son enfant tout en respectant son légitime désir d'indépendance ? La démarche tient en quatre points.

Une information correcte
Bien sûr les enfants, à tout âge mais d'autant plus qu'ils sont jeunes, sont vulnérables. Mais il faut raison garder : à l'immense majorité des enfants, il n'arrivera jamais rien. L'angoisse parentale ne protège pas les enfants. Mieux vaut s'informer sur les risques réels que véhiculer des fantasmes. Il est par exemple important de savoir que plus de la moitié des

176 • QUESTIONS AU PSY

enfants mis en danger le sont par une personne connue d'eux, dont ils ne se méfient pas, alors que tous ont spontanément peur des étrangers, de ceux qui ont « une drôle de tête ».

Une éducation préventive

Certains enfants sont plus vulnérables que d'autres. Les enfants timides, bien élevés, discrets ou peu sûrs d'eux peuvent trouver bien difficile d'affirmer leur droit et de se défendre contre un adulte convaincant ou exigeant. Il est donc important d'apprendre à tout enfant qu'il a le droit de dire non et de défendre ses opinions, même face à une figure d'autorité.

Les enfants surprotégés sont aussi, paradoxalement, plus vulnérables, car ils n'ont pas appris à se débrouiller ni à se défendre par eux-mêmes. Malgré leur anxiété, il est important que les parents donnent à leur enfant une autonomie en rapport avec son âge. C'est en apprenant progressivement la liberté que l'enfant se prépare à affronter le monde. Enfin, préparer son enfant à se défendre contre les abus sexuels, c'est aussi, très tôt, lui faire comprendre que son corps n'appartient qu'à lui. Cela veut dire respecter sa pudeur, mettre des limites claires entre les membres de la famille, lui apprendre dès quatre ans à se laver seul, etc.

Une mise en garde efficace

Parler aux enfants de l'existence des abus sexuels n'est pas facile : c'est leur faire perdre une part de leur innocence, en leur expliquant des choses moches dont ils ignorent tout. Mais c'est le prix à payer pour la prévention. On est plus vigilant quand on est au courant des dangers potentiels. On peut dire par exemple : « Il existe des personnes qui ont des problèmes, et cela les amène à essayer de toucher les enfants là où il ne faut pas. Même ceux qui ont l'air gentil peuvent parfois faire du mal. Ton corps est à toi. Personne, même un adulte proche, n'a le droit de toucher les parties cachées de ton corps, surtout si cela te crée un malaise. »

Comment aider l'enfant à faire la part entre le câlin « normal » et celui qui ne l'est plus ? D'abord, lui expliquer que personne d'autre que lui n'a le droit de toucher « à ce qui est caché par le maillot de bain » (sauf pour une raison médicale, bien sûr). Ensuite lui apprendre à se méfier de ceux qui lui demandent le secret : un baiser « normal » n'a pas à être caché.

Un apprentissage ciblé

Viennent ensuite les règles de conduite précises. L'enfant doit savoir concrètement ce qu'il doit faire s'il se trouve dans telle situation inhabituelle ou qu'il ressent comme dangereuse. Les instructions les plus simples sont les mieux mémorisées. « Dès qu'un adulte te demande de garder un secret, méfie-toi et... parle-m'en », « N'accompagne jamais un inconnu, même pour lui rendre service », « Ce n'est pas impoli de dire non », « Si tu es seul, reste dans les lieux où il y a du monde », « Si tu as besoin d'aide, entre dans un magasin, alerte un groupe de gens ou sonne à n'importe quelle porte », etc. Vous voulez savoir si votre enfant a retenu vos mises en garde ? Jouez à « Et si... ? » : « Et si je n'étais pas à la sortie de l'école ? », « Et si quelqu'un te demandait de garder un baiser secret ? »...

On ne peut pas avoir sans cesse ses enfants sous les yeux : éducation, information du danger et mise en garde pratique sont les meilleures mesures de prévention.

S'entraîner à crier

Toutes les études l'ont montré : la seule tactique vraiment efficace dont dispose un enfant pour se défendre, c'est le cri. Mais tous n'osent pas, surtout les enfants timides et polis. Il faut donc pratiquer le hurlement, comme un exercice. Demandez à l'enfant de hurler « non », le plus puissamment possible, depuis le ventre. Seul d'abord, puis face à la glace, puis face à vous, plusieurs fois. Afin que, en cas de besoin, il n'hésite pas à le faire, pour appeler à l'aide et faire fuir l'agresseur.

L'argent de poche, un pas vers l'autonomie

L'argent de poche était déjà un phénomène de civilisation, c'est devenu une préoccupation parentale. La publicité, les magasins, les modes : tout est fait pour développer les désirs de consommation des enfants et des adolescents. Près de 94 % d'entre eux reçoivent de l'argent de leurs parents, ce qui fait un pouvoir d'achat global considérable. Mais tous ne reçoivent pas cet argent régulièrement (moins de la moitié sont dans ce cas) et tous les parents n'ont pas, loin de là, la même attitude éducative.

Autant de comportements que de familles

Noémie, onze ans, n'a pas d'argent de poche : « Elle n'en a pas besoin, dit sa mère, je lui paye tout ce qu'elle désire. » C'est oublier que recevoir un cadeau rend redevable et met en position de passivité et de dépendance. Se l'acheter soi-même, c'est devenir actif, devoir choisir, décider, renoncer. Qui n'a d'ailleurs remarqué que les enfants sont beaucoup plus économes avec leur argent qu'avec celui de leur parents ? Xavier, douze ans, a de l'argent, qu'il reçoit selon les occasions : cent francs pour une sortie, deux cents francs à Noël, etc. Selon les notes, aussi : cinq francs pour chaque point au-dessus de quinze. Comme il est plutôt bon élève, il arrive à se constituer une cagnotte. Son but : remplacer ses rollers.

Les parents de Sarah, dix ans, et Antoine, quinze ans, pensent que les enfants doivent travailler pour eux-mêmes : les bonnes notes ne sont donc pas rémunérées. Mais ils donnent régulièrement de l'argent de poche à leurs enfants depuis qu'ils ont huit ans. Sarah a quarante francs par mois et cet argent ne lui sert que pour ses petites dépenses courantes. Antoine a deux cents francs, mais il doit payer ses sorties entre copains, ses disques, et, en général, tout le « superflu ».

Bien que l'argent ne soit plus un sujet tabou, il reste toujours difficile aux parents de décider et de trouver un accord avec leurs enfants. L'essentiel est de se souvenir que l'argent de poche doit avant tout avoir une valeur éducative. Il est destiné à apprendre à l'enfant à gérer, économiser, choisir, dépenser. Donner de l'argent à son enfant, c'est lui faire confiance, lui permettre progressivement de s'émanciper de notre autorité et de prendre son indépendance. N'est-ce pas le but de toute éducation ? Gérer son argent aide à grandir, et, accessoirement, à comprendre les fins de mois douloureuses. Ceci admis, les choses deviennent plus claires.

Voici quelques conseils qui peuvent servir de points de repère

– Si l'argent est une récompense, d'une note ou d'un service, le jeu est biaisé car l'enfant ne peut rien planifier. Le mieux est de s'en tenir à la définition de l'argent de poche : une petite somme d'argent à usage libre, versée régulièrement et sans contrepartie. Ce qui n'empêche pas les « extras ».

– Quand commencer ? Lorsque l'enfant sait compter et connaît la valeur des pièces, entre huit et dix ans. À la semaine, au début, puis au mois dès que l'enfant a fait la preuve qu'il savait gérer son argent.

– Apprendre aux enfants à se servir de leur argent, à connaître la valeur des objets, à épargner et à choisir, est indispensable, mais n'empêchera pas les « bavures ». Le sens de l'argent ne s'acquiert que progressivement et laisser son

enfant dépenser tout son mois d'un coup en autocollants, même s'il le regrette ensuite, a aussi une valeur éducative.
– La somme allouée se décide en famille. Elle dépend de l'âge de l'enfant, de ses besoins, de la destination de cet argent. Donner trop peu, c'est empêcher l'enfant de devenir autonome ; donner trop, c'est le leurrer sur la valeur de l'argent.

Quelques chiffres

(Attention : ces chiffres sont des moyennes et cachent de grandes variations individuelles) :

• Les plus jeunes sont ceux qui thésaurisent le plus. Ils craquent pour les bonbons et tout ce qui s'échange à la récré. Les plus grands pour les disques et les vêtements.

• Jusqu'à huit ans, les petits n'ont pas d'argent régulier, mais récupèrent environ dix francs par semaine.

• De 9 à 11 ans, 40 % des enfants ont de l'argent de poche, 60 francs par mois en moyenne.

• De 12 à 14 ans, 60 % ont de l'argent de poche. Ils touchent en moyenne 100 francs par mois.

• Les plus de quatorze ans sont 75 % à toucher de l'argent régulièrement, 200 francs par mois en moyenne.

• 4 % des enfants n'ont pas un sou.

• Il n'y a pas de différence selon les milieux sociaux.

Divorce, séparation : comment l'annoncer aux enfants ?

Aujourd'hui, entre un tiers et la moitié des mariages se terminent par un divorce. En ce qui concerne les séparations des couples qui vivent ensemble sans être mariés, une seule certitude : la proportion est encore plus importante. Être enfant de divorcés n'est plus une exception ou une honte. On n'est plus montré du doigt dans la cour. Pour autant, c'est toujours une souffrance. Et cela peut aussi être un vrai choc, si l'on n'a rien senti venir, si les parents ne se sont jamais vraiment disputés. Même si vous pouvez honnêtement penser que la séparation est une meilleure solution, pour l'enfant, que vivre dans les tensions ou les conflits permanents, ne vous attendez quand même pas à des remerciements… Votre décision est prise : vous allez vous séparer. La manière dont vous allez l'annoncer à votre enfant est très importante. Sa réaction en dépend partiellement. Ces quelques conseils vous aideront à passer ce cap difficile.

Quand le dire ?

Dès que la décision est prise et qu'elle va être suivie d'effets. Inutile d'attendre que l'enfant se pose des questions ou s'inquiète. Même les très jeunes enfants doivent être mis au courant, avec des mots simples, à leur niveau. L'effet de surprise, avec l'impression que tout s'écroule, peut être redoutable. Il sera moins important si l'enfant a senti le vent souffler et qu'il s'attend, plus ou moins, à votre annonce.

Au moment de parler, vous serez probablement émue et vous aurez peut-être du mal à trouver les mots justes. Aussi serez-vous plus à l'aise si vous avez préparé auparavant ce que vous avez l'intention de dire.

En présence de qui ?

Si la relation avec le père de vos enfants le permet, il est souhaitable que vous informiez vos enfants ensemble. Ils seront rassurés de constater que vous pouvez encore communiquer et vous entendre sur l'essentiel : eux. Le but est de faire sentir aux enfants que leurs parents maîtrisent la situation et qu'ils sont capables de résoudre eux-même leurs problèmes. Même s'ils sont d'âges différents, vous pouvez parler à vos enfants en même temps. Cela renforcera pour eux l'effet de solidarité.

Comment ?

En évitant si possible le drame et les larmes. Plus vous saurez garder votre calme et mieux cela vaudra. N'oubliez jamais que le besoin essentiel de l'enfant dans cette situation est d'être rassuré. Votre calme fait passer le message souhaité : « Même si mon monde est bouleversé, mes parents gardent le contrôle. »

Autre point important : ce n'est pas le moment de régler vos comptes avec votre conjoint ou d'entamer un conflit. Gardez les reproches personnels et les accusations pour une autre occasion. Ce qui aidera le plus votre enfant à entendre ce que vous avez à lui dire et à accepter cette nouvelle situation sera de constater qu'il existe entre ses parents une relation sinon amicale, du moins tolérante et respectueuse.

Enfin, gardez toujours en tête que vous parlez à un enfant. Employez des mots simples et sobres. Évitez les détails sur votre vie de couple ou vos déboires sentimentaux : cela ne le concerne pas.

Que dire ?

La vérité, simplement, en vous centrant sur ce qui concerne l'enfant. « Tu as senti que cela n'allait plus entre ton papa et moi, malgré nos efforts. Nous avons finalement décidé de nous séparer. C'est triste, mais ce sont des choses qui arrivent. Nous allons nous organiser pour que tu n'aies pas trop à en souffrir. » Lui veut savoir s'il va devoir déménager, s'il changera d'école, s'il vivra toujours avec son chien, s'il pourra continuer le judo, où seront ses affaires, comment s'organisera sa vie… Insistez sur ce qui restera pareil : plus il y aura de changements et plus il aura de mal à les gérer.

Un enfant est très déstabilisé par l'annonce d'une séparation. Son monde vacille. Plus que tout, il a besoin d'être rassuré de manière ferme et tendre, par ses deux parents, sur les deux faits suivants :

– Il reste l'enfant de son père et de sa mère et il ne risque pas de perdre leur amour.

– La séparation n'est en rien la conséquence de son comportement et il n'est rien qu'il aurait pu faire pour l'empêcher. Quand leur père et vous vous serez exprimés, donnez la parole à l'enfant : « Y a-t-il des questions que tu voudrais nous poser ? » Certaines questions vous surprendront peut-être. Essayez d'y répondre tranquillement. Puis, l'entretien terminé, renvoyez-le à sa routine quotidienne. Il n'y a rien de plus rassurant pour l'enfant que de constater qu'il est toujours obligatoire de se laver les dents avant de se faire raconter une histoire au fond du lit…

À chaque enfant sa réaction

Certains exprimeront des sentiments de tristesse ou d'inquiétude. D'autres réagiront avec plus de violence. D'autres encore se montreront irritables ou amers. Tout cela est normal : laissez-leur le temps de se faire à la nouvelle situation. Évitez de vous fâcher sur eux, faites preuve de patience, encouragez l'expression et la discussion. Dans quelque temps, ils reprendront le dessus. Et vous aussi.

En vacances
avec l'enfant de l'autre

« T'es pas ma mère, t'as rien à me dire ! » L'enfant se réjouit rarement du remariage de l'un de ses parents avec un nouveau conjoint. Pour lui, c'est d'abord le signe concret qu'il perd tout espoir de réconcilier ses parents. Il réalise que son désir de les voir reformer sa famille d'origine est vain. C'est un deuil à faire, qui demande du temps et ne s'effectue pas sans quelques remous. La période des vacances est plus difficile que celle des week-ends habituels : le temps est plus long et l'enfant s'installe vraiment. Tout enfant dans cette situation appréhende de se retrouver dans un environnement qui ne lui est pas familier, avec des adultes qu'il ne fréquente pas quotidiennement.

Voici quelques conseils adressés à la « belle-maman » pour que ce séjour ait toutes les chances de bien se dérouler.

Se préparer et comprendre

– Soutenez toujours le père dans son désir de prendre ses enfants en vacances et de s'en occuper. Ne faites jamais obstacle à ces retrouvailles. Ni l'un ni les autres ne vous le pardonneraient.

– Préparez-vous à une quantité prévisible de conflits. Les enfants en veulent toujours à celui ou celle qui a pris la place du parent « légitime ». Trop bien accepter leur belle-mère,

ce serait, dans leur esprit, trahir leur mère : c'est par fidé-
lité qu'ils vont la rejeter et montrer de la colère.
— Discutez avec le père sur ce que sera votre rôle et comment se répartiront les tâches. Les femmes ont souvent un
rôle plus important dans les soins aux jeunes enfants. Dans
le cas de ses enfants à lui, qui s'en occupera au quotidien ?

Dès le début du séjour

— Les enfants réagissent souvent avec leur corps : maux de
ventre, maux de tête, vomissements, sont courants au début
du séjour. Cela ne signifie pas tant un refus de venir qu'une
inquiétude légitime. L'enfant appréhende le déroulement
de ces vacances et le montre.
— Donnez-vous pour consigne de ne jamais critiquer leur
mère, ni même d'en parler de manière désobligeante. Évitez toute guerre et toute rivalité. Et si l'enfant vous lance :
« Ma mère, elle sait mieux faire les spaghettis bolognaise
que toi ! », répondez une phrase du genre : « Ah oui ? Ils
doivent vraiment être délicieux. Mais tu sais, chacun sa
recette ! »
— Expliquez clairement les rôles, la place et les tâches de
chacun, tels que vous les avez définis. Chacun peut donner
son avis. Une fois l'accord trouvé, on essaie de s'y tenir.

Pendant le séjour

— Accordez à l'enfant, de bon cœur, le droit de ne pas vous
aimer. L'amour ne se commande pas. L'enfant doit savoir
qu'il ne perdra pas pour autant l'amour et l'estime de son
père. Ne faites aucune pression affective. La relation se
construira d'elle-même au fil des jours.
— Acceptez une certaine dose d'agressivité et de provocation, sans trop réagir. Mais refusez de vous laisser maltraiter ou victimiser. Le respect vous est dû. La limite n'est pas
toujours facile à trouver, et c'est avec le père que vous devez
en discuter et vous affirmer. C'est à lui de vous soutenir et

de vous aider à vous sentir à l'aise. De votre côté, restez ferme et chaleureuse.

— L'enfant peut, sans être agressif, choisir de marquer sa distance, voire de vous ignorer. C'est son droit, sa manière à lui de gérer la situation : ne le forcez pas dans ses retranchements.

— Les filles sont souvent jalouses de la tendresse que leur père manifeste à sa nouvelle compagne. Sans pour autant vous cacher, évitez devant les enfants les câlins trop appuyés, qui seraient ressentis comme une provocation douloureuse.

— Faites preuve de patience et de constance. Il faut se donner du temps pour apprivoiser un enfant et lui faire comprendre qu'il peut, sans nuire à personne, créer de bonnes relations avec vous. Avec le temps, il trouvera formidable de gagner un parent supplémentaire, qui l'aime et lui porte un intérêt sincère.

Et avec les ados ?

Les débuts sont souvent plus difficiles. L'adolescent n'a plus besoin d'être materné, et ne craint pas d'agresser directement. Il s'affirme et juge, avec une fausse maturité. Les conflits essentiels se situent entre la fille et la belle-mère, le fils et le beau-père : les dissensions avec les parents sont ainsi déplacées. La marge de manœuvre est faible : leur laisser beaucoup de liberté, les aider à trouver des copains et des activités à l'extérieur, s'intéresser à ce qui les intéresse, exiger un respect et une participation minimum.

Les enfants se disputent : faut-il intervenir ?

Quel parent, ayant rêvé d'une grande famille harmonieuse et solidaire, peut dire qu'il supporte sereinement et sans déception les chamailleries permanentes de ses enfants ? Il arrive que cela fasse remonter de bien mauvais souvenirs de sa propre enfance. Alors, c'est cela la fraternité, cette suite quasi ininterrompue de petites crises, de phrases désagréables, de mesquineries, de rejets, voire d'injures et de coups ? Non, bien sûr… mais c'est cela aussi. Dès que l'on a deux enfants ou plus, la rivalité est là, et la jalousie. Ce n'est que progressivement qu'ils apprendront à se mettre à la place de l'autre et à se respecter mutuellement.

Les causes de la rivalité

Chacun veut la plus grosse part de l'amour parental. Le frère ou la sœur, c'est du temps, de l'amour et de l'attention en moins. Chaque enfant voudrait pour lui tout seul tout l'amour et toute l'attention des parents. Au moins, puisque cela semble impossible, en avoir davantage que ses frères et sœurs.

Les rivalités pour le pouvoir ou pour la possession sont fortes également. L'aîné entend avoir quelques privilèges dus à son âge, à sa taille et à sa position, dont il abuse parfois. Le second, sensible à l'injustice, n'a de cesse de prouver qu'il peut être aussi fort et aussi malin. Chacun ses armes : le petit asticote et le grand tape… et se fait gronder.

Dites-vous que, bien gérée, cette rivalité forme aussi le caractère des enfants : elle leur apprend la négociation, la générosité, la vivacité. Après tout, dans la vie, personne n'a « tout » pour lui tout seul : autant l'apprendre tôt. Et puis, elle ne nuit en rien à l'affection que les enfants se portent !

Les attitudes des parents

Reste que les parents peuvent contribuer grandement à maintenir ces disputes fraternelles dans des limites raisonnables et aider leurs enfants à les gérer et à les transformer peu à peu en attitudes de coopération. Certains comportements éducatifs ont une efficacité réelle, surtout appliqués avec constance et dès le plus jeune âge.

– Ne prenez pas parti. Évitez de donner raison à l'un des enfants contre l'autre, ou de n'en punir qu'un, ce qui ne fait qu'accroître la sensation d'être « moins aimé », donc la rivalité. Préférez le simple constat : « Je vois deux enfants fâchés qui feraient mieux de se séparer un moment afin de retrouver leur calme. »

– Interdisez la violence physique, mais permettez que les sentiments négatifs s'expriment. Au besoin, aidez-les : « Je vois que tu es furieux que ta sœur ait cassé ton puzzle. » Se sentir compris dans sa souffrance et sa frustration aide à dépasser le désir de vengeance.

– Jusque vers cinq ou six ans, réglez les problèmes avec les enfants : écoutez les doléances, instaurez des tours, montrez les avantages de l'échange, veillez à l'équilibre des forces, cherchez avec eux une solution qui convienne à chacun. La constance paiera : ils le feront bientôt sans vous.

– Définissez, expliquez et faites appliquer certaines règles de comportement, du type : « On ne se fait pas mal », « Un objet emprunté doit être rendu », « On ne fouille pas dans les affaires des autres en son absence », etc. Elles doivent être très claires, et vous devrez veiller à leur application, même par les plus jeunes. Aménagez l'espace pour favoriser l'entente : un petit cadenas vaut mieux qu'un éternel sujet de dispute.

– Montrez à chaque enfant que vous l'appréciez parce qu'il est unique et différent et que vous l'aimez totalement, d'une façon très spéciale. C'est plus efficace que de vouloir donner exactement la même chose à chacun, en mesurant les parts de gâteau ou en comptant le nombre de cadeaux.

– Valorisez la solidarité et la coopération entre eux. Pour cela, ne prêtez aucune attention à celui qui « rapporte ». N'encouragez pas les dénonciations. Pratiquez plutôt les punitions collectives ou les « tâches d'intérêt collectif » à réaliser en commun.

– L'exemple reste encore la meilleure méthode. Vous attendez de vos enfants qu'ils se dominent et soient plus forts que leurs pulsions ? Faites-le aussi. Montrez-leur, par votre comportement, qu'il est inutile de crier pour s'imposer et que l'on peut, calmement, négocier ses désaccords.

Intervenir ou non ?

Seulement si cela s'avère nécessaire. L'intervention de l'adulte, pas toujours habile, peut envenimer les choses. D'autant que, souvent, le but sous-jacent de la dispute est de forcer le parent à se fâcher. S'en mêler systématiquement empêcherait par ailleurs les enfants d'apprendre à trouver seuls une manière de résoudre leurs conflits.

À son âge, il suce encore son pouce

Certains bébés naissent quasiment le pouce dans la bouche. D'autres commencent par téter leur poing ou leurs doigts réunis avant de se focaliser sur le pouce. Certains ajouteront au geste un tissu ou une peluche. Autant de styles que d'enfants. Les parents commencent généralement par se réjouir : voilà un bébé qui n'aura pas besoin de tétine. Il sera autonome la nuit : pas besoin d'aide pour retrouver son pouce dans le noir. Puis les années passent et l'inquiétude survient. Ne serait-il pas bon qu'il arrête maintenant de sucer son pouce ? À son âge, ce n'est plus raisonnable. Et si cette habitude ne lui passait pas ?… La plupart des enfants arrêtent spontanément de sucer leur pouce avant l'âge de cinq ans. Mais pour les autres, ceux qui ont déjà six, huit ou dix ans, que faire ?

Arrêter : pour qui ? Pour quoi ?

La première question à se poser est de savoir s'il est vraiment nécessaire et urgent que l'enfant cesse de sucer son pouce. La démarche essentielle consiste à consulter un dentiste (ou un orthodontiste) pour avoir un avis. Si le palais et les dents de votre enfant ne courent pas de risque de déformation, il n'y a pas urgence. L'inciter à cesser peut se justifier alors pour des considérations d'ordre social : on se moque de lui en classe, vous l'estimez trop grand, cette habitude nuit à ses activités, l'institutrice ne supporte pas cela, etc. Mais qui veut qu'il arrête, lui ou vous ? Si c'est vous, alors que l'enfant n'en voit aucunement la nécessité, renoncez à l'embêter avec cela pour l'instant. Discutez-en avec lui et attendez quelque temps qu'il soit prêt. Vous ne parviendrez à rien sans l'accord de l'enfant.

Mais si « l'homme de science » a dit qu'il était impératif que votre enfant cesse de sucer son pouce, il va falloir mettre sur pied un plan d'attaque en plusieurs points.

Comment s'y prendre ?

– Montrez-vous convaincante en expliquant à l'enfant la nécessité d'arrêter, les risques s'il continue, etc. Sa volonté et sa vigilance seront déterminantes. Dites-lui bien qu'arrêter est un cadeau qu'il se fait pour l'avenir.

– Attirez son attention sur lui lorsqu'il suce son pouce (en se regardant dans la glace, par exemple). Passé la petite enfance, se voir ainsi fait parfois un choc !

– Fixez ensemble une date symbolique où il devra avoir complètement arrêté (anniversaire, Noël, visite à la grand-mère, etc.).

– Demandez-lui de repérer pendant trois jours (et de noter s'il le peut) les lieux, les moments et les durées où il suce son pouce.

– Supprimez une des occasions. Par exemple : plus de pouce à table, ou en voiture, ou devant la télévision. Quand il aura atteint ce stade, supprimez une autre occasion. Et ainsi de suite.

– Pour l'aider, donnez-lui un substitut, comme une petite peluche ou une balle souple, à serrer et à pétrir dans ses mains lorsqu'il a envie de porter le pouce à la bouche.

– Soyez plus tolérante, pendant quelques jours, concernant les bonbons et les chewing-gums qui remplissent et occupent la bouche.

– Félicitez largement l'enfant pour ses efforts et ses réussites. Vous pouvez aussi mettre en place un système de récompense : on colle une petite gommette sur le calendrier à chaque réussite et on offre un petit cadeau toutes les dix gommettes, par exemple.

– Le dernier stade, le plus difficile, consiste à supprimer le pouce la nuit. Quand vous en serez là, proposez à votre enfant de lui tenir la main pendant qu'il s'endort, un jour ou deux. Pour éviter le geste automatique en dormant, vous pouvez suggérer à l'enfant d'envelopper son pouce dans un gros pansement un peu rigolo, impossible à mettre en bouche.

– N'oubliez pas la valeur de l'exemple. Difficile de demander à l'enfant de se débarrasser de cette mauvaise habitude, si vous continuez tranquillement à fumer ! En revanche, c'est une excellente occasion d'arrêter ensemble.

À fabriquer : la moufle de nuit anti-pouce

• Posez la main de votre enfant sur un tissu fin en deux épaisseurs. Dessinez une moufle un peu large et découpez le tissu sur le trait. Cousez le contour.
• Recouvrez la surface du pouce de la moufle avec un tissu rêche, genre Velcro.
• Passez un petit lien ou un élastique dans l'ourlet du poignet.
Version plus simple : pendant quelques nuits, glissez la main de l'enfant dans un gant de toilette lié autour du poignet par un ruban ou un gros élastique pour cheveux.

Comment l'aider à s'affirmer en classe

Victoire a huit ans et vient d'entrer au CE2. Tout va bien à l'école et les notes sont bonnes… surtout à l'écrit. Car la maîtresse de l'an dernier déclare volontiers qu'elle a peu entendu le son de sa voix au cours de l'année. Et ce n'est pas faute de l'avoir encouragée ! Il en est ainsi depuis la maternelle. Victoire parle volontiers à l'oreille de ses copines, mais, dès que la maîtresse l'interroge, elle rougit, perd ses moyens et se tait. On la dit timide.

François a le même problème, mais lui est en CM2. Ses parents commencent à s'inquiéter. François apprend bien ses leçons, mais, appelé à les réciter devant la classe, il ressent un réel sentiment de panique : son cœur bat fort, sa gorge est sèche, sa tête lui semble vide . il ne peut plus dire un mot. Et ses notes s'en ressentent.

L'enfant qui est victime de la peur de parler en public (la « ppp » des spécialistes) est aussi celui qui n'osera pas demander son chemin ou réclamer son dû. Celui qui ne saura pas poser de questions en classe et se faire apprécier de ses professeurs. Aider son enfant à dépasser cette crainte, c'est lui éviter beaucoup de soucis dans les années à venir.

Bien cerner ensemble l'objet de la peur

On ne combat bien que ce que l'on connaît bien. De quoi l'enfant a-t-il précisément peur ? Est-ce de se tromper, ou bien que l'on se moque de lui, a-t-il peur de paraître idiot, etc. ? L'enfant craint-il également de lire tout haut ? A-t-il plus peur lorsqu'il doit être noté ? A-t-il la même peur quel que soit le public (petit groupe, groupe mixte, etc.) ?

Est-ce l'erreur qui lui fait si peur ? Même les grands professionnels se trompent : vous pouvez sûrement lui en montrer des exemples. Montrez-lui la valeur de l'erreur qui, seule, permet de progresser : « Tu vois, heureusement que tu as fait cette erreur en math, sinon je n'aurais pas su que tu confondais décamètre et décimètre. Maintenant je vais te réexpliquer et tu ne te tromperas plus. »

Quand on sait, on est plus sûr de soi

N'oubliez pas que la compétence aide beaucoup à dépasser le trac. Compétence pour ses leçons d'abord : l'enfant qui les sait parfaitement a moins peur de les réciter. Compétence dans la prise de parole, ensuite : il existe des règles simples et des exercices pratiques que l'on trouve dans les livres spécialisés et qui peuvent être d'une grande aide. Devenir un bon orateur est pris alors comme un défi ou comme un jeu, auquel l'enfant s'entraînera à la maison. Voici quelques idées :

– Ne perdez aucune occasion de l'inciter à s'exprimer en public.

– Suggérez-lui de raconter à son oncle Jean le livre qu'il vient de lire.

– Faites-lui réciter ses leçons debout, comme s'il était en classe.

– Lisez ensemble des poésies. Inscrivez-le à un atelier de théâtre.

Mais gardez en tête d'avancer progressivement et de ne jamais le forcer au-delà de ses possibilités.

Apprendre la relaxation

Parler correctement nécessite avant tout un bon contrôle du souffle. L'anxiété le bloque et accélère la respiration. C'est pourquoi les techniques de relaxation sont d'une grande aide. L'enfant qui se sera entraîné à respirer lentement et profondément, avec le bas du ventre, et à détendre ses muscles, aura sûrement fait de gros progrès dans la maîtrise du souffle, donc de la parole.

Dans ce monde incertain, où la vie scolaire des enfants se déroule très tôt sous le signe de la rivalité et de la compétition, certains vivent avec un véritable stress la crainte de ne pas se montrer assez performants. Et préfèrent encore se taire. Aussi, un climat familial chaleureux, où l'enfant se sent accepté et soutenu sans qu'il soit besoin de « faire ses preuves », où il trouve écoute, disponibilité et encouragements, est-il encore la meilleure recette pour aider un enfant timide à faire peu à peu partie de ceux qui prennent avec plaisir une part active à la vie de la classe.

Les « trucs » du bon orateur

• Annoncer son plan au début et bien le garder en tête. Préciser chaque nouveau chapitre.

• Parler en regardant quelqu'un dans les yeux.

• Avoir une attitude posée, éviter les tics ; au besoin, occuper ses mains avec un crayon.

• Impliquer son public par des anecdotes, des exemples concrets, des éléments d'humour.

• Si possible, écrire au tableau, au fur et à mesure (ou à l'avance, avec le plan), les mots clés du point évoqué.

• Terminer en remerciant les personnes présentes.

Comment développer son esprit scientifique ?

Martin est allongé dans les feuilles mortes, l'anorak boueux, sa petite cousine à côté de lui. Ils regardent passionnément une belle limace orange qui s'étire doucement au pied du chêne vert. « Tu crois qu'on pourrait lui faire une maison ? On lui mettrait de l'herbe. Comment on pourrait l'appeler ? Maman, t'aurais pas une boîte ? »

Maman ne se sent pas d'affinité pour les limaces. Mais quel parent ne souhaiterait pas, dans notre société où les sciences ont la meilleure part, que son enfant développe un esprit scientifique ? S'intéresser au monde qui l'entoure, faire preuve de curiosité, élaborer de nouvelles connaissances en observant et en expérimentant, c'est ce que fait l'enfant jeune et qu'il faut l'inciter à continuer ensuite. C'est ainsi qu'il développera des qualités de pensée logique, de raisonnement et d'attention.

L'adulte a un rôle essentiel à jouer pour encourager l'enfant dans ses explorations et lui communiquer l'enthousiasme et le sens du merveilleux dans tous les détails du quotidien. Face à un enfant qui a cessé de poser des questions sur la marche des choses, c'est à l'adulte de prendre le relais, stimulant la réflexion, la créativité et l'action. « Oh, regarde : ce nuage a une drôle de forme ! Qu'est-ce que tu y vois ? », « Tu as vu ce tout petit ruisseau ? Qu'est-ce qu'il se passerait si nous construisions un barrage ? », « Tiens, un avion, pourquoi ne tombe-t-il pas ? », « Et si on regardait cette feuille au microscope ? », « Que se passe-t-il si on gonfle des ballons et qu'on les lâche dehors ? » Garçon ou fille, à la campagne ou à la ville, à cinq ans comme à dix : rares sont ceux qui résisteront à de telles propositions.

Voici quelques idées simples pour transformer la vie de tous les jours en autant d'occasions de se livrer à des expériences « scientifiques ».

— Le domaine privilégié est tout simplement celui de la routine quotidienne. Le bain du plus petit ? On transvase l'eau des récipients, on réfléchit sur les volumes, on explique comment on fait des bulles ou de la mousse. Le plus grand se coupe ? Tout en le soignant, on explique la désinfection, puis on surveille ensemble les étapes de la cicatrisation. Vous aimez les plantes d'intérieur ? Achetez à votre enfant quelques graines et permettez-lui de faire germer, pousser, fleurir ses propres plantes dans sa chambre.

— Faire la cuisine avec l'enfant permet de discuter de nombreux concepts. Avec les plus petits, l'effet du chaud ou du froid sur les aliments, le rôle de la cuisson, les grandes familles d'aliments, les différentes saveurs. Avec les plus grands, on aborde des notions de diététique, des jeux avec les poids et les mesures. Quel enfant n'est pas passionné si vous lui confiez une balance, un verre gradué et quelques mesures à effectuer ?

— « Comment ça marche ? » et « Comment on le fabrique ? » sont deux questions fondamentales qui impliquent que l'on démonte et remonte tout ce qui peut l'être. Avec le petit, la râpe à fromages et le moulin à persil ; avec le plus grand, le poste de radio et la tondeuse à gazon. Ensemble, emmenez-les visiter l'arrière-boutique du boulanger qui leur expliquera comment il fait croissants et baguettes.

— Le monde animal attire tous les enfants. Apprenez-leur à observer finement et à respecter l'animal, son habitat, ses habitudes. Cela développe la patience, l'attention et suppose que vous ne leur transmettiez pas de peurs irraisonnées.

– Fabriquez avec l'enfant une boîte (ou une étagère) à trésors, qui recueillera son musée personnel : coquillages, cailloux, scarabée, graine de tournesol, puce informatique, aile de papillon, morceau de bois sculpté, fleurs séchées, etc. Chaque objet a sa raison d'être, son histoire. Le lieu est à respecter : n'y passez pas le chiffon et ne jetez surtout pas ces « vieilleries » à la corbeille !

Développer cette attitude permettra au jeune enfant de passer en douceur du monde magique où tout est possible au monde réel des faits, des informations et de la joie des vraies découvertes. Une façon de penser la vie qui est celle des vrais scientifiques.

« Comment ça marche ? »

Vous êtes avec votre enfant dans une file, une salle d'attente, ou un embouteillage ? Jouez ensemble à « Comment ça marche ? ». Partez d'un objet quotidien un peu compliqué (téléviseur, sonnette de porte, réfrigérateur, ascenseur, voiture…) et essayez d'amener votre enfant à imaginer comment il fonctionne. Entraînez sa créativité en cherchant avec lui les explications les plus farfelues. Ne reculez pas devant l'absurde : l'important est de stimuler l'imagination et d'adopter une démarche « scientifique » en envisageant le maximum d'aspects de la question.

Comment l'aider à progresser en orthographe

Produire un texte en bon français est une tâche ardue, que bien des adultes maîtrisent encore difficilement. Pour l'enfant qui doit réfléchir à chaque étape du travail, la complexité est souvent énorme. Quand l'instituteur donne comme consigne : « Racontez une promenade à la campagne », l'enfant doit à la fois chercher ce qu'il va dire, organiser ses idées, choisir la forme qu'il va leur donner, trouver les mots pour les traduire… et enfin veiller à leur orthographe. On comprend que cette dernière tâche soit parfois négligée. Dans les dictées, la tâche est unique, donc plus simple. Mais l'enfant ne choisit pas ses mots, et ceux-là peuvent lui être inconnus, ou receler des pièges sournois…
Gérer tout cela est bien difficile. La seule manière d'y parvenir, c'est de mettre en place des automatismes. Quand les « s » viendront tout seuls se placer à la fin des mots au pluriel, quand le verbe qui vient après « tu » sera spontanément suivi d'un « s », l'enfant aura plus de temps pour s'interroger sur le nombre de « r » à chariot et à charrue…

D'abord encourager la lecture
L'idée est simple : chaque fois que les yeux se posent sur un mot correctement écrit, le cerveau « imprime » son orthographe, comme s'il faisait une photo. Cette trace dans la

mémoire est renforcée à chaque fois que l'enfant rencontre le mot. Ce que font ceux qui, hésitant entre deux ortho- graphes possibles, écrivent les deux mots, n'est rien d'autre que de rechercher celle qui ressemble à la « photo » qu'ils ont prise.

Il est donc nécessaire de mettre l'enfant en contact avec des textes écrits. Cela passe par les livres d'histoires et la biblio- thèque, mais aussi par la vie quotidienne : rechercher son émission dans le programme de télévision, lire la recette pour faire le gâteau, ou déchiffrer les panneaux pour se repé- rer dans la rue.

Puis encourager l'écriture

Votre enfant sort ? Demandez-lui de vous laisser un petit mot avec le but de sa promenade et l'heure de son retour. Il s'absente ? Réclamez-lui des lettres où il raconte ce qu'il fait. Vous sortez faire les courses ? Dictez-lui la liste des achats.

Tous les prétextes sont bons. Ils sont autant d'occasions de voir l'importance de l'écrit et de s'entraîner à en produire. Plus l'enfant est grand et plus les possibilités sont nom- breuses. L'un appréciera de tenir un journal quotidien de ses activités et de ses pensées, ne serait-ce que pendant une période de vacances. Dans ce cas, offrez-lui un joli carnet avec un cadenas où il pourra consigner ses secrets. Un autre enfant sera heureux de trouver un correspondant avec qui échanger du courrier. Si vous êtes équipés d'un ordinateur connecté à Internet, vous pouvez proposer à votre enfant d'avoir sa propre adresse et sa boîte à lettres. Pour nos petits génies du clavier, le courrier par e-mail est autrement plus motivant !

Attention : si votre enfant vous envoie une lettre ou vous fait un poème, résistez absolument au désir de corriger ses fautes. Il se peut que vous soyez tellement agacée par son orthographe ou sa syntaxe que vous ayez bien du mal à vous retenir. Il est pourtant impératif de le faire. Sinon, il croira que vous vous intéressez à la manière d'écrire plus qu'au contenu. Vexé, il ne vous écrira plus. Or, c'est en écrivant qu'on apprend.

Enfin, travailler l'orthographe

Cette étape vient en dernier, mais elle est indispensable. Son but est d'intéresser l'enfant au mot lui-même, puis à développer des automatismes.

– Achetez à votre enfant un dictionnaire adapté à son âge et agréable à consulter. Vérifiez qu'il sait le manier aisément. Incitez-le, chaque fois qu'il hésite sur le sens ou l'orthographe d'un mot, à consulter son dictionnaire. Ce sera beaucoup plus facile si vous donnez l'exemple.

– Vérifiez, en relation avec ses cours de français, que votre enfant apprend ses règles parfaitement, exceptions comprises. Au besoin, mettez-les en musique, ou bien inventez avec lui des moyens mnémotechniques pour ne pas les oublier. Reprenez-les périodiquement.

– Apprenez-lui un nouveau mot par jour (sens et orthographe). Écrivez-les sur le frigo, reprenez-les chaque jour. Le dimanche, il doit connaître la liste entière.

– Enfin, il reste la dictée. Exercice « scolaire » mais vraiment utile. Pour être efficace, la dictée doit être courte, mais quotidienne. Tout roman à l'écriture classique et ouvert au hasard peut servir de trame. N'hésitez pas à changer les mots pour les besoins de l'exercice. Commencez par des extraits

---

L'enfant dysorthographique

Si votre enfant a de grosses difficultés dès les débuts de la lecture, n'hésitez pas à consulter un orthophoniste. Si un diagnostic de dyslexie est posé, il est important que celle-ci soit traitée avant que surviennent des difficultés scolaires et une dysorthographie, terme qui désigne les erreurs orthographiques qui font suite à la dyslexie, et qui peuvent représenter un handicap scolaire.

faciles, afin que l'enfant puisse réussir et se sentir compétent. Si le texte est difficile, laissez l'enfant le lire d'abord avec attention (le but est toujours de l'aider à réussir). Insistez sur le temps de relecture, puis laissez à l'enfant le plaisir de se corriger lui-même.

Améliorer une orthographe défaillante peut demander un peu de temps et de constance. Mais l'acquis est définitif et très utile tout au long de l'existence. Encore faut-il savoir en convaincre l'enfant...

Faire les courses avec eux en évitant les caprices

« Maman, prends des raviolis X, ils sont meilleurs, je l'ai vu à la télé », dit Margot, six ans, alors qu'elle accompagne sa mère au supermarché. Loïc, quatre ans, assis dans le siège du chariot, crie pour que sa mère achète « les yaourts Y avec les petites perles qu'on mélange ». Mais les raviolis visés sont deux fois plus chers que ceux de la marque du magasin et les yaourts sophistiqués bien plus onéreux que les yaourts nature. Que faire ? Céder pour leur faire plaisir, parce qu'après tout ce n'est pas grand-chose ? C'est mettre la main dans un engrenage redoutable : avec l'âge, les demandes de marques touchent des produits plus onéreux. Attention alors au porte-monnaie ! Refuser en prenant le risque des hurlements en plein magasin ? N'est-ce pas frustrer l'enfant d'un plaisir ? Faut-il faire une histoire pour une question de principe ? Bref : comment limiter les dégâts face à ces exigences, directement issues des spots télé ?

D'après le baromètre Secodip (panel de 2 000 enfants), 30 % des enfants de deux à huit ans choisissent leurs marques et les réclament avec véhémence. Ce chiffre est en constante augmentation (il était de 20 % en 1994). Les marques exigées par ces très jeunes consommateurs sont celles qui font le plus de publicité. Les mères ? D'après l'enquête, elles cèdent le plus souvent. Pour faire plaisir ou pour avoir la paix… Lorsque le prix du produit réclamé est en gros le même que celui du produit habituel, pourquoi pas ? Mais c'est rarement le cas. Plus un produit est nouveau, élaboré, et plus il est cher, car les coûts de mise au point, de lancement et de publicité sont énormes. À l'arrivée, sur les courses de la semaine, la ponction dans le porte-monnaie n'est pas la même…

Voici quelques conseils pour résister sans pour autant frustrer vos enfants ou passer pour une mauvaise mère… :

– Faites une liste de courses avant de partir, au calme, en fonction de vos besoins et des désirs de chacun, et tenez-vous-y. Vous éviterez ainsi les achats d'impulsion qui sont les plus dangereux.

– Prévenez l'enfant en arrivant au magasin : « Aujourd'hui, on ne prend rien de plus », ou alors : « Tu choisis les biscuits du goûter et c'est tout. » Une façon de procéder qui satisfait tout le monde : dire une fois oui pour pouvoir dire non ensuite. À chaque fois que l'on fait les courses, l'enfant peut choisir un produit, tantôt un yaourt, tantôt un paquet de gâteaux, tantôt son parfum d'adoucissant textile, etc.

– Pour laisser à l'enfant le plaisir de décider, donnez-lui le choix entre deux produits qui vous conviennent également. « Choisis les flans. Tu préfères chocolat ou caramel ? »

– Faites des tests comparatifs : les céréales habituelles contre les mêmes, de la marque réclamée et plus chère. Les yeux fermés, lesquelles sont les meilleures ?

– Une demande, un désir précis, cela ne se satisfait pas forcément, mais cela se discute. Plutôt que de dire non, engagez la conversation : « Oui, cela a l'air délicieux, je comprends que tu en aies envie… Tu crois que c'est quelle couleur dedans ?…Tu te souviens de la publicité ?… Pas aujourd'hui… mais la prochaine fois peut-être… » Et le rayon est passé.

– L'enfant, dans son chariot, réclame moins s'il est occupé et responsabilisé. Donnez-lui la tâche de ranger les objets correctement. Confiez-lui un petit crayon pour « lire » les codes-barres. Les plus grands peuvent rayer la liste des courses au fur et à mesure des achats, peser les fruits ou additionner les prix sur une machine à calculer.

– Dès qu'il en est capable, apprenez à votre enfant à lire les étiquettes : « Tu vois, ces yaourts-là sont deux fois plus chers. Tu en préfères un pack comme celui-ci ou deux packs comme celui-là ? » Montrez aux plus grands comment comparer les prix au litre ou au kilo.

Finalement, bien plus que d'accéder ou non aux exigences de nos enfants, l'enjeu est de les éduquer pour en faire les consommateurs de demain.

Expliquer le rôle de la publicité

La plupart des demandes des jeunes enfants pour des produits précis sont déclenchées par les pubs télé. Limiter ces demandes passe donc par une information sur la publicité.

Même à un enfant jeune, on peut expliquer que la publicité n'est pas un petit film comme les autres. Elle est destinée à informer sur les nouveaux produits et à influencer les comportements d'achat. Elle présente les produits de manière très séduisante et elle en dit toujours du bien parce que son but est de les faire acheter. Contrairement aux informations ou à d'autres programmes, les spots sont payés (très cher) par les fabricants, qui se rattrapent sur le prix de vente des produits, etc.

Savoir perdre...
sans être mauvais perdant

Dans un jeu comme dans un match, gagner et perdre sont deux issues qu'il est bon de savoir accepter avec la même tranquillité, sous peine de se faire rejeter. Mais pour certains enfants qui s'impliquent à fond dans le jeu, perdre est une vraie souffrance dont ils ne savent pas se tirer avec élégance. Florent, onze ans, est débutant au ping-pong ; pourtant, il ne peut supporter de perdre contre son frère sans accuser celui-ci de tricherie. Quant à Marlène, sept ans, elle jette le jeu de loto sur le sol si elle n'est pas la première à remplir sa carte. Personne ne supportera longtemps de jouer avec eux.

Développer « l'esprit sportif »

Tolérer que son enfant soit mauvais perdant, ou bien le laisser gagner pour lui éviter cette épreuve, sont deux solutions qui ne l'aideront pas à affronter l'existence. Dans la vie comme dans les jeux, il faut prendre des risques sans être sûr du résultat. Savoir accepter l'échec et s'en servir pour progresser est l'attitude de ceux qui finissent par réussir : le jeu est l'école de la vie. Jouer sans être assuré du résultat, ne pas s'effondrer lorsque l'on perd ni écraser l'autre lorsque l'on gagne, c'est bien ce que l'on nomme l'esprit sportif, qu'il convient de développer chez nos enfants. Cette caractéristique n'apparaît pas spontanément et reste difficile jusqu'à neuf ou dix ans, parfois au-delà.

Être beau joueur est en général plus facile aux enfants qui ont confiance en eux et savent que leur valeur n'est pas en cause dans le résultat obtenu. Aussi est-il bon de s'interroger face à l'enfant qui a tant de mal à accepter de perdre : qu'est-ce qui est en jeu pour lui, au-delà du jeu proprement dit ? En quoi se sent-il remis en question ? Dans tous les cas, l'éducation a un rôle essentiel à jouer.

Tenir compte de l'âge de l'enfant

Avec un petit enfant, jouez à deux, à un jeu qui privilégie le hasard, comme les dominos ou le loto. Chaque partenaire a ses chances. Plutôt que de le laisser gagner, profitez du temps du jeu pour lui montrer quelles sont les réactions correctes, avec des phrases comme : « Dis donc, que tu joues bien, tu m'as battue ! », « Trois-un : rien à dire ! On fera une autre partie demain et j'essaierai de prendre ma revanche », ou : « Cette fois c'est moi qui ai gagné, mais tu as vraiment bien joué. Je ne sais pas si je pourrais recommencer. » À un enfant plus grand, vous pouvez apprendre les phrases acceptables en fin de jeu ou de match, comme : « Bravo, tu as vraiment bien joué », ou : « Tu es en forme, dis donc, il va falloir que je m'entraîne si je veux te battre ! », etc. Votre attitude est déterminante.

« Ce n'est qu'un jeu ! »

Il est important que l'enfant apprenne à relativiser, à prendre du recul (« Ce n'est qu'un jeu : le plaisir est bien plus de jouer que de gagner »), ainsi qu'à tirer la leçon de l'échec (« Je n'étais pas assez entraîné ou pas assez attentif », ou bien « Je n'ai pas eu de chance : je ferai mieux la prochaine fois »). Pour cela aussi, l'exemple reste le moyen le plus efficace. Si vous êtes beau joueur et que vous perdez avec le sourire, votre enfant vous imitera vite. Mais l'exemple peut aussi venir de compétitions ludiques ou sportives suivies à la télé-

vision. Attirez l'attention de l'enfant sur l'attitude des perdants, comme le joueur de tennis qui serre la main de son
adversaire et le félicite, ou les judokas qui se saluent : discutez-en et valorisez les comportements particulièrement
corrects.

En procédant ainsi, les choses s'arrangeront vite. En attendant, faites savoir à votre enfant que certains comportements sont inacceptables : s'il continue à lancer les cartes
ou à bouder, vous ne jouerez plus avec lui. Parallèlement,
félicitez-le lorsqu'il se comporte sportivement, quel que soit
son score.

Valoriser l'erreur

Une telle attitude est rarement isolée : un enfant mauvais perdant est bien souvent un enfant qui ne se donne pas le droit à
l'erreur. En tant que parents, posez-vous des questions sur votre
attitude éducative. N'êtes-vous pas trop exigeants avec lui ?
N'attendez-vous pas de lui des choses difficiles à son âge ? Comment réagissez-vous en cas de mauvaises notes à l'école ? Mettre
de la légèreté dans sa vie et l'aider à distinguer les véritables
enjeux, cela passe aussi par vous.

Il se sent victime d'une injustice

« C'est pas juste, c'est toujours moi », ronchonne Thibaut, convaincu qu'il met la table deux fois plus souvent que son frère. « C'est pas juste, je n'avais rien fait », fulmine Clothilde, qui vient d'avoir zéro à son contrôle d'anglais, parce que ses fautes sont les mêmes que celles de sa voisine Aurélie qui a tout copié sur elle. Le sentiment d'injustice surgit très tôt chez l'enfant : dès l'âge de quatre ans, il peut se sentir révolté par le sentiment d'avoir moins, ou que ses droits ne sont pas respectés. Ce sentiment évolue avec l'âge, mais il ne nous quitte jamais tout à fait. Qui, en tant qu'adulte, peut affirmer qu'il trouve la société ou la vie complètement justes et qu'il n'est jamais révolté ? Chez l'enfant, le sentiment d'injustice peut s'accompagner d'une vraie souffrance. Selon son tempérament, il sera plus ou moins tenté de « rectifier » les choses dans le sens d'une plus grande équité. Dans tous les cas, il a besoin de notre compréhension et de notre aide. Mais l'attitude du parent sera différente selon l'âge de l'enfant.

Chez les plus jeunes
Le sentiment d'injustice accompagne souvent un sentiment de jalousie ou de rivalité. C'est le frère aîné qui a droit à plus parce qu'il est plus grand, ou le plus petit qu'on ne fâche pas parce qu'il est plus petit… toutes choses difficilement supportables lorsque l'idée première de la justice vou-

drait que tout le monde ait la même chose (ou que j'aie un peu plus que les autres…).

L'enfant ne se sent pas en sécurité : et si mes parents m'aimaient moins ? L'aider, c'est lui permettre de développer l'estime qu'il a de lui-même et lui prouver de cent façons qu'il est aimé pour ce qu'il est, de manière inconditionnelle, non pour ce qu'il fait. Tenter de satisfaire ses enfants en visant l'égalité absolue de traitement entre eux est un piège dans lequel les parents ne doivent pas tomber : ils n'en finiraient pas de calculer le temps passé avec chacun de leurs enfants, le nombre de cadeaux offerts, la dimension de la part de tarte, etc. Mieux vaut expliquer, aussi souvent que nécessaire, la raison des différences entre les enfants. Celles-ci doivent avoir un sens évident. Ce sera le cas si les règles sont connues et si les privilèges sont accordés à chacun en fonction de son âge, de son sexe ou de ses réussites. Par exemple, si tous les enfants de la fratrie savent que l'argent de poche augmente de vingt francs par mois à chaque anniversaire, ils ne développeront pas de sentiment d'injustice par le fait d'avoir moins que l'aîné.

Le rôle des parents est aussi de parler avec l'enfant. L'inciter à prendre un peu de distance, à faire la part des choses en les resituant dans un contexte plus large, peut l'aider beaucoup. « C'est vrai que ta sœur a eu un nouveau manteau, mais rappelle-toi, c'est à toi que j'en avais acheté un l'an dernier. Le sien était vraiment trop petit. » Ce qui n'empêche pas, évidemment, de s'interroger : en tant que parents, avons-nous tendance à favoriser l'un de nos enfants (celui qui demande le plus ou qui crie le plus), à être plus sévères ou à passer plus de temps avec un autre ? Si, avec honnêteté, on répond non, alors il ne faut pas se laisser culpabiliser par les éternelles réclamations des petits.

Lorsque l'enfant grandit

Les sources du sentiment d'injustice viennent en partie du monde scolaire. La punition collective parce que le coupable ne s'est pas dénoncé, ou les deux points de moins pour un retard, font lever de grandes révoltes. L'attitude des parents est essentielle. Leur rôle est de réfléchir avec l'enfant, de le faire s'exprimer et de l'aider à comprendre le point de vue de l'autre. Même rangés aux côtés de leur enfant, les parents doivent soutenir également l'autorité enseignante. Dans ces discussions, ils trouveront l'occasion de rappeler les règles sociales et la nécessité de s'y soumettre, comme ils le font eux-mêmes.

Et si le professeur est vraiment et souvent injuste ? Aidons l'enfant à savoir quand intervenir et comment le faire. Défendre ses droits, c'est prendre un risque, cela demande du courage. Jeune, l'enfant a besoin que nous intervenions pour lui : il saura qu'il n'est pas seul, que ses parents sont là. Plus grand, il a besoin que nous le soutenions dans ses revendications. La relation de confiance est primordiale.

Et les adolescents ?

Vers dix ou douze ans, puis chez les adolescents, le sentiment d'injustice trouve deux nouveaux champs d'application. Le premier est classique : « La mère de Juliette, elle la laisse regarder les films à la télévision le soir. C'est pas juste. » L'enfant compare son éducation à celle de ses copains, et trouve matière à revendication. Là encore, il faut réfléchir ensemble, honnêtement, puis prendre position en s'expliquant clairement sur la raison de ses choix éducatifs. « Moi, je te demande de te coucher tôt le soir pour telle et telle raisons. Mais je suis d'accord pour que… », etc. L'autre champ est celui de l'injustice sociale. Découvrant le monde et la société, l'adolescent se révolte, pour lui ou pour les autres, que certains aient et d'autres non. Aider l'enfant, c'est accepter la discussion sans la limiter au désespérant « Eh, oui, c'est comme cela… ». Sa générosité ou sa révolte seront douloureuses si elles en restent à l'émotion ; elles seront utiles si elles débouchent sur l'action.

Désamorcer les petits conflits avec nos enfants

Léa, six ans, laisse traîner ses chaussures dans l'entrée ; Thomas, huit ans, transforme chaque soir la douche en drame ; Antoine, onze ans, ne nettoie jamais la table après son goûter ; Aurore, onze ans, préfère la télé à l'apprentissage de ses leçons… Dans la vie quotidienne avec des enfants, les occasions de conflits sont permanentes. Les parents se lassent de répéter cent fois la même chose et d'essayer en vain de se faire obéir. Certains renoncent ou abandonnent, d'autres crient ou punissent : dans aucun des cas, l'enfant n'est incité à plus d'autonomie et d'autodiscipline, et le problème va rapidement se déplacer dans un autre domaine. N'y aurait-il pas un meilleur moyen de s'en sortir ?

La méthode tient en quelques points.
– Essayons d'admettre tout d'abord que <u>les conflits sont inévitables</u>. Les enfants sont par nature dérangeants, égocentriques et turbulents.
Les enfants et les parents ont des besoins, mais ce ne sont pas les mêmes : l'un veut jouer quand l'autre veut se reposer, l'un veut manger sa tartine de confiture sur le canapé quand l'autre craint pour les coussins, etc. Tout ceci est parfaitement normal. Ces conflits sont sains et font partie de l'éducation. L'important est de ne pas les craindre et

d'apprendre, avec l'enfant, à les gérer dans le respect de chacun.

Ensuite, et ce n'est pas contradictoire, <u>évitons les conflits</u> qui peuvent l'être (il en restera toujours assez !).
– Mieux vaut avoir des exigences limitées, mais précises. Trop d'exigences submergent l'enfant qui préfère tout laisser tomber en bloc. Des demandes floues lui permettent de se glisser entre les mailles. Au lieu de dire simplement : « Range ta chambre », il vaut mieux préciser : « J'aimerais qu'avant ta douche tu ramasses tous les cubes de Lego et que tu les mettes dans le bac bleu. »
– Beaucoup de conflits peuvent être évités si quelques règles indiscutables sont mises en place et que chacun dans la maison s'y plie. Si l'enfant met la table les jours pairs et son frère les jours impairs, il n'y a pas à en rediscuter chaque soir. Si tout le monde, adultes compris, accroche son manteau dans l'entrée, il n'y a pas de raison pour qu'un enfant le laisse par terre dans le salon.
Les enfants admettent très bien qu'il y ait des règles, mais ils ont un grand sens de la justice. Ces règles doivent être cohérentes et les parents doivent montrer l'exemple, ce qui est beaucoup plus efficace, à terme, que d'essayer d'imposer des comportements par la force.
– Modifier l'environnement peut aussi diminuer l'occurrence des conflits, en facilitant la tâche de l'enfant. On peut par exemple installer des portemanteaux à sa hauteur, mettre dans sa chambre un petit sac ou un panier à linge sale, remplacer les draps par une couette, accrocher une grande pendule au-dessus de son lit, améliorer son système de rangement, etc.

Enfin <u>gérons les conflits</u> qui surviennent.
– Dans ces conflits, c'est très souvent le parent qui a le problème. L'enfant, lui, ne voit pas pourquoi il serait obligé de manger des carottes, de se presser le matin ou de se laver les

dents. C'est donc à l'adulte de prendre habilement l'initiative. L'ordre, la menace, le conseil, la morale ou la réflexion dévalorisante donnent rarement de bons résultats. Ces messages ont en commun de provoquer immédiatement une résistance en retour. Et puis, comme ils imposent à l'enfant une solution qui n'est pas la sienne, ils ne l'incitent pas à s'autodiscipliner, ce qui est pourtant un des buts de l'éducation. Que dire alors ? La vérité de ce que l'on ressent. « Cela m'irrite, en rentrant, de trouver tes chaussures dans l'entrée », « Il n'est pas question pour moi de sortir avec toi si tu ne te coiffes pas », « Cela m'inquiète quand tu te couches tard, j'ai peur que tu ne manques de sommeil. » Lorsque l'adulte parle de lui-même, l'enfant ne se sent pas agressé, mais au contraire incité à proposer une solution.

– Un tri est nécessaire entre l'indispensable, là où la liberté de l'enfant gêne les autres, et les points sur lesquels on peut lui faire confiance. Un parent est justifié lorsqu'il impose à son enfant de se coucher à huit heures et demie, mais il ne l'est pas lorsqu'il impose que la lampe de chevet soit éteinte. Si l'enfant est tranquille dans sa chambre, c'est à lui de décider quand il veut dormir. On peut imposer à l'enfant de venir à table en même temps que tout le monde, pas de finir son assiette s'il n'a plus faim. Qu'il ramasse ses jouets qui traînent dans le séjour, oui, qu'il tienne sa chambre impeccable, non. Dans tous ces cas, il aurait beau jeu de renvoyer le fameux : « Mais enfin, qu'est-ce que cela peut te faire ? »

– Résoudre correctement un conflit, c'est trouver une solution qui satisfasse les deux partenaires, sans que l'un se sente écrasé par l'autre. L'enfant, qui a participé au choix de la solution, se sent motivé pour l'appliquer. On travaille ensemble pour améliorer la vie de tout le monde.

Un conflit se résout à froid, ensemble, quand on a un petit moment calme devant soi. L'adulte commence par définir le problème clairement : « Je trouve insupportable de voir le soir les restes de votre goûter sur la table », ou bien : « J'en ai assez de devoir te demander cent fois d'aller te laver. »

Puis adultes et enfants énumèrent chacun leurs solutions. À ce stade, on ne juge pas, on se contente de noter. Plus personne n'a d'idées ? Alors vient le moment de réfléchir sur les solutions proposées. Chacun argumente, négocie, modifie, jusqu'à ce que l'on parvienne à une solution acceptable pour chacun, sur laquelle un engagement est pris. Reste à préciser les détails de l'application. Un mois après, on fait le point.

Parfois, on réalise que la solution trouvée ne fonctionne pas. L'idée n'était pas bonne, ou bien l'un des partenaires n'a pas tenu ses engagements. Il ne reste plus qu'à retourner à la case départ…

L'insolence,
une forme de défense

C'est souvent lors de la pré-adolescence, vers dix ou douze ans, que l'enfant change brusquement de comportement. La fille jusque-là plutôt gentille, ou le fils généralement agréable deviennent capricieux, exigeants et provocateurs. Ils « répondent » sans cesse. Si on s'oppose à eux ou qu'on ne satisfait pas à leurs demandes, ils deviennent franchement insolents, voire insultants. La critique ouverte ne leur fait pas peur, les gros mots non plus. Les parents, qui savent bien que cet âge est critique, s'attendent à quelques changements. Mais là, ils trouvent que leurs « presque ados » exagèrent franchement, tant dans leurs paroles que dans leurs comportements.

Comment comprendre cette attitude ?
Elle est souvent la première que trouve l'enfant pour affirmer son identité. Elle rappelle celle de l'enfant de deux ans qui disait non à tout et faisait une colère quand on le contrariait. Refuser était sa façon de signifier sa différence. Dix ans après, c'est encore par ce type de provocation agressive que l'enfant manifeste son désir de prendre son autonomie affective. Critiquer sa mère, c'est lui exprimer qu'on peut se passer d'elle (ce qui est évidemment très prématuré). L'adolescence est toute proche. Déjà le jeune pressent qu'il

va devoir se détacher. Mais il est si maladroit et si peu au fait de ce qu'il ressent vraiment qu'il va user de la provocation comme d'un langage. Son insolence a deux rôles essentiels :

— Elle permet à celui qui l'utilise de se démarquer de l'éducation qu'on lui a transmise. Par l'utilisation de la violence verbale, il prend le contre-pied de ce qu'on lui a enseigné. Les gros mots qui étaient interdits à l'enfant sortent librement. C'est une manière de faire comprendre : « Maintenant je parle comme je veux, ce n'est plus toi qui décides pour moi, à chacun sa façon de s'exprimer. »

— Elle met brusquement une distance entre les parents et l'adolescent. Or la gestion de la distance affective est la grande affaire de ces années-là. Les attitudes des enfants sont contradictoires. Ils recherchent leur indépendance tout en ayant un grand besoin de sécurité. C'est ainsi que les adolescents les plus insolents sont souvent les plus dépendants. C'est dans l'opposition à l'adulte qu'ils cherchent à trouver leur propre place. Une relation proche et tendre, avec sa mère notamment, peut par moments être vécue comme un empêchement au travail d'indépendance que le jeune se doit de faire. L'insolence, c'est à la fois un rempart contre les sentiments complexes qui l'assaillent et une façon de développer le sentiment de sa propre identité.

Comment réagir ?

— La plupart du temps, ce que l'enfant voudrait exprimer est différent de ce qu'il dit. Mais il a du mal à savoir ce qu'il désire vraiment et il ne trouve pas, en face de l'adulte, les mots et les arguments pour défendre son point de vue. L'insolence lui vient plus facilement. Aux parents d'entendre, même si c'est difficile : qu'il a grandi, qu'il n'est pas d'accord avec l'éducation qu'il reçoit, qu'il veut davantage de liberté et de responsabilités, etc. Donner la parole à son enfant, écouter ce qu'il a à dire, dialoguer avec un esprit ouvert, sont des attitudes qui peuvent prévenir les dérives de l'insolence.

– Les parents comprennent rapidement que l'insolence est une façon de montrer que l'on est en train de changer. À partir de là, ils peuvent trouver la force de dédramatiser ce qui n'a généralement qu'un temps. Sur le moment, l'humour est souvent une bonne façon de réagir, surtout si l'on parvient à rire ensemble. Une autre stratégie possible consiste à faire semblant de ne pas entendre. Couper court à la conversation et sortir de la pièce, cela vaut toujours mieux qu'adopter une attitude autoritariste.

– Les parents ont le droit de refuser de se laisser maltraiter et de redire la règle. Il est toujours utile, à froid, lorsque la crise est passée, de reprendre les faits et d'exprimer son désaccord. Le père peut dire : « Je te demande de ne pas parler à ta mère de cette façon. C'est un manque de respect que je trouve inacceptable. »

– Être parent, c'est donner l'exemple : attention, donc, à la manière dont la parole circule dans la famille. Les préados ont tendance à copier le mode d'expression des adultes, croyant ainsi paraître plus grands.

– Tout parent d'adolescent sait bien qu'il doit se montrer disponible, vigilant. Mais également, et c'est très difficile, capable de subir critiques, reproches et remises en question parfois agressives de la part de son enfant, sans pour autant déprimer ou agresser en retour. C'est tout un apprentissage !

– Ce qui aide le plus, c'est d'en parler. Quand on peut échanger avec des copines ou d'autres mères d'enfants du même âge, on se sent moins seule. Tous les ados traversent ce genre de crise : le constater et en rire ensemble soulage et permet de prendre de la distance.

Comment donner une morale à nos enfants

Grégoire, onze ans, a trafiqué les notes de son bulletin scolaire. La même semaine, ses parents sont convoqués au commissariat : leur fille Vinciane, seize ans, a « piqué » un pull et s'est fait coincer. Quant au petit dernier, il s'est battu dans la cour de récréation… Les parents se demandent quelle erreur éducative ils ont pu commettre…

Pas facile. Dans un monde en perte de repères, parler de morale peut sembler incongru. Quant à l'enseigner, c'est une tâche indispensable, mais rude. Nous avons tous des croyances personnelles, une morale religieuse, sociale ou philosophique, conformes ou non à celles de nos parents. Les transmettre à nos enfants, c'est les aider dans leur quête d'un sens de la vie et d'un engagement dans la société. S'y mettre à l'adolescence, c'est trop tard : l'éducation morale est un travail de longue haleine qu'il faut entamer dès le plus jeune âge !

Comment définir le sens moral ?

Il s'agit d'une aptitude intérieure à distinguer le bien du mal, le bien étant ce qui peut entraîner à la fois l'estime de soi et l'estime de l'autre. Ainsi armé, l'individu peut faire des choix. Le sens moral dépend de nombreux facteurs sociaux et culturels, mais, pour l'essentiel, il est sous l'influence des parents. Leurs comportements et leurs opinions face aux situations de la vie marquent l'enfant. Vous voulez un enfant qui avoue ses fautes ? Montrez-vous capable de reconnaître vos propres erreurs.

Le développement du sens moral

Il n'existe pas chez le jeune enfant, qui, se croyant au centre du monde, pense que tout lui est dû. Puis l'enfant devient sensible à l'approbation et à la désapprobation. Comme son seul souci est de faire plaisir, le bien est ce que ses parents approuvent. Vers deux ans, l'enfant qui devient opposant et coléreux ne fait preuve d'aucune « méchanceté » : il tente de s'affirmer. S'entendre énoncer les limites, de sécurité ou d'éducation, que ses parents lui fixent, est ce qui l'aidera le plus à s'apaiser. Vers trois ans, les règles sont intégrées et les bases essentielles de la morale, posées. Mais ce n'est qu'à partir de sept ans que l'enfant va commencer à pouvoir se mettre à la place d'autrui, à être sensible à l'injustice et à élaborer ses propres convictions. Les années d'adolescence seront surtout axées sur la recherche d'une morale individuelle, avec un sens aigu du respect et de la liberté, assorti d'une dose certaine de maladresse et de provocation. Il faudra encore quelques années pour que surgissent le recul et la tolérance, l'adolescent comprenant progressivement la nécessité d'une conduite morale.

Comment transmettre la morale

– Les parents n'ont pas à craindre de transmettre ce à quoi ils croient. Leurs indications morales seront autant de points de repère à partir desquels l'enfant pourra tracer son propre chemin. À trois ans comme à quinze, l'enfant qui s'oppose pour mieux se construire a besoin d'outils pour le faire. Non pour imiter, mais pour se définir. Il n'est pas d'accord avec vous ? Tant mieux : il y a matière à discuter, échanger et négocier.
– L'attitude parentale qui a le plus de sens pour l'enfant est ferme et cohérente. Ce qui est interdit lundi n'est pas, sans

raison particulière, autorisé mardi. Les parents n'interdisent pas ce qu'ils se permettent. Comment faire admettre à son enfant qu'il doit respecter le règlement du collège s'il vous voit resquiller dans le métro ?

— La meilleure méthode pour apprendre à un enfant l'honnêteté, c'est-à-dire le respect des lois sociales, consiste à lui apprendre, dès son plus jeune âge, à respecter les lois de la vie. Elles sont innombrables : « Il faut bien dormir pour être en forme », « Un animal que l'on embête peut mordre », « On n'est pas aussi fort à quatre ans qu'à sept », etc. De même, le simple apprentissage de la politesse est une initiation à la morale.

— Il est toujours plus facile d'apprendre à un enfant à respecter des règles si on peut lui en expliquer le sens. Formuler, prendre des exemples, mettre des mots sur des notions essentielles, sont autant de manières de l'aider à les mémoriser.

Tout ceci ne doit pas faire oublier que l'enfant a droit au respect de ses opinions. Autant l'attention, l'humour, la tendresse seront vos alliés dans le développement du sens moral de votre enfant, autant les menaces et les châtiments ne vous seront pas d'une grande aide. C'est parce votre enfant sent que vous lui faites confiance qu'il a à cœur de la mériter. Pour qu'il puisse, un jour, se forger son propre système de valeurs respectueux d'autrui, votre enfant a besoin de votre soutien et de votre estime pour tout ce qu'il imagine, crée ou invente.

« Et si tout le monde faisait cela, que se passerait-il ? »
« Et si on te faisait cela à toi, qu'en penserais-tu ? »

N'ayez pas peur de répéter ces formules simples à votre enfant aussi souvent que nécessaire, jusqu'à ce qu'elles soient pour lui évidentes. Elles aident à sa réflexion et à la prise de distance par rapport à son propre comportement. Derrière leur simplicité se cachent les bases essentielles de la morale universelle.

Se réconcilier avec l'eau et le savon

Votre enfant fait partie de ceux que l'on appelle les pré-ados (en gros, une fourchette qui va de dix à treize ans) ? Il y a de grandes chances pour qu'il soit temporairement fâché avec l'eau et le savon. Ongles en deuil, oreilles négligées et orteils douteux sont spectacle courant si vous n'intervenez pas régulièrement avec la conviction nécessaire. Le geste le plus détesté ? Se passer de l'eau sur la figure. La saleté et le refus du bain sont si fréquents à cet âge que certains spécialistes sont allés jusqu'à se demander s'il ne s'agissait pas d'une phase incontournable. Car il est certain que les choses finissent par s'arranger, un peu plus tôt chez les filles que chez les garçons.

Dès dix ans, l'enfant commence à ressentir spontanément la nécessité de se coiffer avant de sortir, d'avoir les dents propres ou de se couper les ongles. Mais il faudra encore le harceler longtemps avant qu'il n'assume seul et de son plein gré les comportements que la propreté et l'hygiène nécessitent. Faire sa toilette, après avoir été les années précédentes source de joie et de jeux interminables dans la baignoire, est devenu synonyme d'ennui et de perte de temps. Il préfère désormais une douche rapide, sans trop soigner les détails.

Vers onze ou douze ans, les enfants se rendent bien compte

qu'ils ont besoin de se laver, et peuvent avoir honte, devant les copains, de leurs pieds sales. Les filles commencent à apprécier les « à-côté » : gel-douche parfumé, drap de bain moelleux, lait hydratant à la vanille. Mais, comme les garçons, elles ont encore besoin qu'on les envoie parfois à la salle de bains. Tous oublient fréquemment de se laver les oreilles, les ongles ou les mains si on ne les rappelle pas à l'ordre.

Vers treize ou quatorze ans, changement de décor : il s'agit maintenant de plaire, et pour cela, mieux vaut être propre. Les filles se prennent seules en charge. Certains garçons sont encore réfractaires, mais commencent à passer beaucoup de temps devant le miroir, à tenter de camoufler une frange qui rebique ou un bouton mal placé.

La bataille est terminée. Voyons ce qui l'a motivée :

– On devient indépendant en s'opposant. L'enfant va s'opposer systématiquement sur le sujet de la propreté s'il sait que sa mère y est très sensible et qu'elle supporte mal sa crasse. Disons que c'est une forme de provocation, plus ou moins volontaire, pour devenir autonome.

– À l'adolescence se réveillent les conflits de la petite enfance. Quand vous avez appris la propreté à votre enfant qui se trouvait heureux dans ses couches, vous l'avez contraint, embêté. Inconsciemment, il vous l'exprime maintenant et retrouve le plaisir d'être « sale ».

– Les changements que les pré-ados constatent dans leur corps les troublent beaucoup. Ils ont du mal à prendre soin d'un corps qu'ils ne reconnaissent plus et qu'ils s'approprient avec difficulté.

Alors, que faire ? D'abord, inutile de se lancer dans des conflits, dans le style « la guerre de l'eau », qui ne peuvent que renforcer l'opposition. Dès que votre ado sortira avec d'autres du sexe opposé, il se réconciliera avec la savonnette et le shampooing. D'ici là, votre marge est étroite. Négocier en douceur est aussi nécessaire que de fixer quelques règles impératives, comme se brosser les dents le soir ou se laver les mains avant de manger.

Les actes sont plus utiles que les mots : la mère pour sa fille, le père pour son fils, donnent l'exemple des soins et de l'attention que l'on porte à son corps et du plaisir que l'on y trouve. Mais surtout, votre pré-adolescent a besoin que vous respectiez son autonomie et son intimité. N'entrez plus dans la salle de bain sans frapper. Faites-lui des compliments sur son physique et valorisez les efforts qu'il fait pour prendre soin de lui. C'est lorsqu'il sera réconcilié avec son propre corps qu'il saura s'en occuper seul.

Quelques trucs à essayer

• Pour les 10-11 ans, accompagnez-les à la salle de bain et réglez vous-même les robinets.

• Apprenez à l'enfant à se laver seul les cheveux, les ongles, les oreilles, etc., puis laissez-le se débrouiller. Tant que c'est nécessaire, vérifiez une fois par semaine.

• Pendant un temps, transigez sur une vraie toilette (douche ou bain au choix) tous les deux jours, et une petite entre les deux.

• Décidez d'un jour fixe pour le shampooing et rappelez-le.

• Ne l'envoyez pas se laver à l'heure de son feuilleton ou au milieu de son jeu électronique.

• Développez le « bain-plaisir » en lui achetant les produits qui lui plaisent (gel « pour hommes », savon parfumé, etc.).

• Ne lésinez pas sur les compliments.

Comment prévenir la fugue d'un adolescent

La fugue est un appel au secours. L'adolescent, en disparaissant soudain, exprime un malaise qu'il n'a pas su dire autrement, avec des mots. Fuguer, c'est dire qu'on n'en peut plus. Aux parents, au-delà de leur inquiétude, de savoir l'entendre. Les fugueurs reviennent et cette absence est le plus souvent sans gravité, mais on ne peut sous-estimer ni les risques courus par le fugueur ni l'angoisse parentale. Aussi est-il important d'essayer de prévenir la fugue et, si elle a eu lieu, de réagir au mieux.

Les comportements avant-coureurs
Tous les adolescents mal dans leur peau ne fuguent pas, même si cela est assez fréquent dans la tranche d'âge 14-16 ans. Quels sont alors les attitudes ou les actes qui doivent alerter les parents sur ce risque-là ?
– L'adolescent rentre plus tard que prévu, sans prévenir. Il ne supporte pas les remarques à ce sujet ou il n'en tient pas compte.
– Il est peu à la maison, sans que vous sachiez toujours où il est.
– Il exprime un fort sentiment de révolte ou d'injustice au sein de la famille. L'ambiance à la maison est souvent tendue, conflictuelle.

– Il lance fréquemment des phrases comme : « On étouffe ici ! », « Y'en a marre de cette baraque ! », qui trahissent son ras-le-bol et son besoin de mettre un peu d'air dans sa vie.
– Les parents sentent bien que le jeune est mal dans sa peau, qu'il traverse une période de grand malaise, mais la communication ne passe plus entre eux et lui.

Que faire ? Les comportements préventifs

– Le maintien ou la reprise du dialogue sont les seules conduites vraiment efficaces. Le jeune accepte de s'expliquer sur ce qui va mal et ce qu'il ne supporte plus ? Même si ce qu'il dit est difficile et maladroit, il est important de l'écouter. Cette écoute consiste à vraiment accueillir ses paroles, sans trop d'émotion, sans se défendre ni se justifier. Ainsi l'adolescent se sentira moins seul. Ensemble, on peut essayer de trouver des solutions à ses difficultés.
– Le dialogue ne suffit pas toujours. Il est aussi nécessaire que les parents acceptent de se remettre en question. Pourquoi le jeune ne supporte-t-il plus la vie à la maison ? L'ambiance familiale est-elle trop conflictuelle ? L'éducation trop répressive ? Est-il possible de changer quelque chose ? Disons les choses simplement : celui qui se sent bien chez lui est moins enclin à fuguer.
– Aller soudain se promener ou partir en claquant la porte, se sentir des envies d'aventure, partir deux jours chez sa tante sans demander l'avis de personne, rester tard chez une copine sans prévenir ses parents, sont autant de conduites relativement banales à l'adolescence. Les tolérer, c'est souvent éviter que les choses ne s'enveniment.

Comment réagir

Certaines fugues sont préméditées : l'adolescent avait mis de l'argent de côté et il a un projet. D'autres démarrent sur un coup de tête, après une dispute ou une mauvaise note. Dans tous les cas, les parents ont retrouvé la maison vide, avec, sur la table de la cuisine, un mot du style : « C'est trop dur, je n'en peux plus, je m'en vais. » Suivent des heures, des jours parfois, de recherche, de questions et d'angoisse. Puis le jeune revient, et c'est un moment crucial. La balle est dans le camp des parents. Quelle est la « bonne » attitude, celle qui, on l'espère, évitera la récidive ?

– Il y a un temps pour le soulagement et peut-être un temps pour la colère. Vous êtes heureuse de revoir votre enfant ? Vous vous êtes beaucoup inquiétée ? Dites-le-lui. Il sentira votre amour. Montrez votre compréhension, ne le culpabilisez pas, mais ne minimisez pas non plus ce que vous avez vécu. Le pire serait de ne rien dire, de faire comme si de rien n'était, et que tout continue comme avant.

– En fuguant, l'adolescent a dit des choses fortes, qu'il va falloir maintenant décrypter : qu'il va mal ; que la relation avec ses parents est un échec, etc. C'est le moment de s'expliquer, puis de changer ce qui doit l'être. Parfois, il faudra mettre davantage de repères, d'autres fois laisser plus d'autonomie : chaque cas est différent.

– Parfois, de graves conflits familiaux entraînent une rupture de la communication : impossible de renouer le dialogue. L'adolescent, même très attaché à ses parents, est dans une situation de blocage où il refuse toute aide de leur part. Alors on cherche un recours extérieur. Les assistantes sociales scolaires sont formées à ces difficultés, mais parfois, un simple ami de la famille en qui le jeune a confiance peut jouer un rôle de médiateur et permettre ainsi de dénouer la crise.

Des lieux d'accueil pour ados

Des lieux d'accueil pour adolescents se sont ouverts un peu partout en France. Ils sont anonymes et gratuits. Le jeune peut s'y présenter sans rendez-vous aux heures d'ouverture. Il y est accueilli, écouté et conseillé. Pour connaître le plus proche de chez vous, vous pouvez téléphoner au service Jeunesse de la mairie, ou appeler *Fil Santé Jeunes*, au 0800 235 236, qui est un numéro d'appel gratuit ouvert à tous.

La chambre de l'adolescent, sa « bulle »

L'adolescent, disait Françoise Dolto, la célèbre psychanalyste, est comme le homard. Il mue. Dans cette période délicate où il a perdu la carapace de l'enfance sans avoir encore formé celle de l'âge adulte, il est comme nu. Le corps et les émotions de l'adolescent sont aussi fragiles que s'ils étaient à vif. Pour traverser cette période délicate, le jeune a besoin d'un cadre qui le protège et résiste aux attaques. À l'abri, il pourra reprendre des forces chaque fois que nécessaire, pour s'ouvrir progressivement et faire face aux exigences du monde extérieur. Le « cadre-adulte », ce sont d'abord les parents qui le constituent : ils posent les repères, naviguant à travers dialogues et conflits. Le « cadre-abri », dont l'adolescent a absolument besoin comme d'une peau de substitution, c'est sa chambre. Terrain protégé et intime, la chambre est le reflet de sa sensibilité. Le jeune peut y déposer les armes. Sous quelques conditions.

– Tous les enfants, autour de la puberté, demandent à avoir une chambre à eux. Ils ressentent un besoin croissant de s'isoler, qui doit, dans la mesure du possible, être satisfait. Une chambre à soi à cet âge, c'est une vraie nécessité pour abriter sa solitude, ses doutes et ses interrogations nouvelles. Il n'y a pas la place à la maison ? Alors il convient de réaménager la pièce qu'il partage, avec une cloison-bibliothèque par exemple, pour que l'adolescent ait un espace délimité, personnel, à l'abri des regards et des intrusions.

– Les changements corporels et affectifs qu'ils subissent rendent les adolescents très pudiques. Eux qui se promenaient nus dans le couloir il n'y a pas si longtemps, s'enferment maintenant pour se laver ou s'habiller. Ils cachent leur corps et leurs émois. Un besoin d'intimité qui n'est pas satisfait ni respecté peut entraîner des attitudes de rejet, voire des troubles familiaux. Les adolescents ont le droit d'avoir des secrets et de n'être plus aussi transparents aux yeux de leurs parents.

– Les premiers conflits vont souvent porter sur la décoration de la chambre, que l'adolescent veut tendre de sombre ou couvrir d'affiches punks. Pourquoi pas ? Si l'on admet (et c'est à cela qu'il faut arriver) que cet espace est le sien, la première façon de le montrer est de laisser au jeune la responsabilité de la décoration. Les murs sont un espace de projection très précieux, où l'enfant s'emploie à créer son propre univers. C'est parce qu'il a choisi son papier mural, son bureau, sa lampe et ses affiches qu'il se sent vraiment chez lui, à l'abri. Ses goûts ne sont pas les vôtres ? Rien de plus normal. Après tout, ce n'est pas vous qui dormez là…

– Une autre source fréquente de conflits est l'état de la chambre. L'adolescent se sent bien dans un désordre qui lui ressemble : les cours sont étalés sur le tapis, les vêtements en tas sur une chaise, le lit défait, etc. Là encore, voyez cela comme une étape nécessaire. Inutile de vous lancer dans des discussions sans fin. Votre éducation n'est pas en cause, votre responsabilité non plus. La vue de sa chambre vous est insupportable ? N'y entrez plus que si c'est indispensable. Mettez-vous d'accord avec votre enfant sur certains jours de grand rangement (chaque fin de trimestre, par exemple). Entre-temps, faites-lui confiance. Résistez absolument à l'impulsion d'aller mettre de l'ordre en son absence : il ne vous le pardonnerait pas.

Même chose pour le ménage : si l'adolescent revendique

son espace privé et s'en veut responsable, alors il est assez grand pour mettre son linge sale dans la corbeille, reporter ses verres à la cuisine, vider sa poubelle, changer ses draps et passer l'aspirateur. C'est un service à lui rendre, et un acte éducatif, que de cesser de vous en occuper.

– La chambre de l'ado est sa carapace, mais c'est aussi son espace privé, là où il peut recevoir ses copains librement, sans oreilles indiscrètes. S'il est fier de sa chambre et de son aménagement, il aura certainement envie de convier ses amis à venir discuter, travailler ensemble le prochain devoir de math ou écouter ses derniers compacts. Ces invitations sont plutôt à favoriser : vous savez où est votre enfant, vous connaissez ses copains. Tout est une question de mesure : quand la horde s'installe à demeure et vide régulièrement le frigo, il est temps de mettre le holà !

Autre avantage : notez que, bien souvent, c'est la venue d'une copine (ou d'un copain) qui décide l'ado à se mettre au rangement...

– Pour que la chambre de l'adolescent joue son rôle protecteur de double peau, il est important que les parents (ainsi que les frères et sœurs) respectent cet espace. Il est insupportable pour le jeune que l'on entre dans sa chambre en son absence. Venir y fouiller pour tenter de surprendre ce qu'il tait est un acte qui, s'il peut se comprendre de la part de parents inquiets, est totalement inacceptable pour l'adolescent. Il considère comme une atteinte grave à sa vie privée et à son intimité le fait que ses parents s'autorisent à lire son courrier ou ses écrits personnels. C'est une grande violence qui lui est faite. Mieux vaudra toujours discuter, questionner, que de faire intrusion en son absence dans une chambre que l'adolescent considère comme son territoire.

Il prend la maison pour un hôtel

À dix-huit ans, Raphaël rentre et sort de la maison quand il veut. En période de cours, on le voit à peine : il rentre le midi dans la maison vide et « pique » dans le réfrigérateur ce qui lui fait envie. Le soir, il s'enferme pour travailler dans sa chambre, ou sort « chez des copains » sans préciser lesquels. Il laisse derrière lui assiettes et chemises sales. Pendant les vacances, c'est pire : il se lève à midi et prend son petit déjeuner à l'heure où le reste de la famille entame les carottes râpées. Le soir, il ramène des copains qui squattent sa chambre et mangent en un soir ce qui était prévu pour le restant de la semaine…

C'est exaspérant. Mais tout parent d'un grand adolescent sait qu'en se fâchant il court un risque : celui que le jeune aille voir ailleurs et soit encore plus absent qu'il ne l'est déjà. Comment lui faire comprendre avec diplomatie que, s'il a des droits dans la maison, il a aussi des devoirs ? Comment l'amener à assumer les responsabilités qui correspondent à son âge ?

Poser les bases

Contrairement à ce que pensent les parents, il est nécessaire de recommencer régulièrement. Expliquez à nouveau quelle est votre conception de la famille et quelles doivent être les responsabilités de chacun. Revenez au besoin sur les notions de respect. Dites clairement à votre enfant que, tant qu'il habitera avec vous, il sera tenu à certains comportements, ainsi qu'à un minimum de présence et de participation.

Fixer les règles absolues

Pour déterminer sa conduite, le jeune a besoin de savoir clairement ce que vous attendez de lui. Les limites infranchissables doivent être précises. Elles varient selon les familles et les exigences de chacun. Par exemple : on prévient de ses absences inhabituelles, on ne fume pas dans la maison, on prend au moins trois dîners par semaine en famille, on gère son linge sale, on ne tape pas, sans demander, dans les réserves alimentaires, etc. Des règles simples, pas trop nombreuses, et en accord avec l'âge de l'enfant, sont celles qui auront les meilleures chances d'être respectées.

Cesser de râler

Les jeunes ont une merveilleuse aptitude qui leur permet une écoute sélective. Quand les parents se plaignent d'eux et protestent, soit ils sortent de la pièce, soit ils cessent tout simplement d'entendre. Les reproches glissent sur eux. Ils murmurent un « oui, oui » qui ne les engage nullement. C'est pourquoi la première chose à faire est de cesser de râler inutilement, de décider une bonne fois que cela ne peut plus durer et de passer à l'acte.

Faire le point

La première étape consiste à étudier précisément la situation. Comment s'est-elle installée ? Depuis combien de temps dure-t-elle ? Va-t-elle en empirant ? Par quoi se traduit-elle ? Quels sont ses aspects les plus insupportables, ceux que vous ne pouvez vraiment plus tolérer ?

Définir ses objectifs

Parmi les aspects insupportables, choisissez ceux sur lesquels vous allez décider d'agir. Soyez modeste pour commencer. Vous pouvez, avec quelques chances de succès, obtenir qu'il mette son linge sale dans le panier, mais certainement plus difficilement qu'il trie les couleurs ou fasse lui-même sa lessive. Vos objectifs doivent être définis en termes concrets et opérationnels : non pas « qu'il rentre plus tôt le soir », mais « qu'il soit là systématiquement à dix-neuf heures, sinon il téléphone ».

Discuter avec l'adolescent

Trouvez un temps, hors stress et hors conflit, pour discuter. Oubliez tout reproche (du style : « Tu ne ranges jamais ta chambre ! »), qui attirerait d'emblée une réaction défensive (du style : « J'y fais ce que je veux ! ») et fermerait la discussion. Parlez plutôt de vous : « J'ai un problème : je supporte très mal, quand j'achète une douzaine de yaourts aux fruits le matin, qu'il n'y en ait plus le soir ; et que tu manges les tranches de saumon fumé au goûter avec tes copains quand je les avais prévues pour le dîner. Cela ne peut plus durer. » Puis, ensemble, essayez de trouver des solutions, que vous mettrez par écrit. Laissez-le en inventer quelques-unes, sans les critiquer : « Je pourrais avoir une étagère du frigo où je peux me servir librement » ; ou bien : « Pour compenser, une fois par semaine, c'est moi qui fais les courses » ; ou encore : « Dans ce cas-là, tu me donnes de l'argent pour aller manger ailleurs »… Glissez également les vôtres. Discutez, puis voyez ce que vous pouvez essayer. L'échange doit déboucher sur un contrat que vous négociez avec l'adolescent, donc sur les termes duquel vous êtes tous les deux d'accord. Le contrat définit le plus précisément possible ce qui va se passer et comment chacun doit se comporter à l'avenir.

Maintenir le dialogue

Avec les ados, le risque d'une rupture de communication est toujours latent. Même s'il vous arrive d'exploser parce que votre enfant vous a trop tapé sur les nerfs, ne laissez pas la situation dégénérer. Quand la colère de chacun est retombée, trouvez le moyen de renouer le dialogue rapidement. Mais sans renoncer pour autant à vos objectifs.

Comment garder le contact avec un adolescent

L'adolescence est l'âge où il faudrait exercer ses forces et ses idées, confronter ses points de vue, discuter d'avenir. Mais les journées des jeunes sont remplies par l'école, qui leur impose silence et immobilité, par les devoirs, par la télévision et la musique. Il ne leur reste pas beaucoup de temps pour échanger en famille des idées, des questions ou des inquiétudes. D'autant que tout cela n'est pas très clair dans leur tête. Quant aux parents, fatigués et souvent dépassés, ils se sentent perdus face aux comportements provocateurs ou aux attitudes de repli sur soi de leurs enfants adolescents. Les relations étaient jusque-là sans problème : soudain, on ne sait plus comment s'y prendre…

Pourquoi est-ce si difficile, soudain, de communiquer ?
L'adolescence est l'âge de tous les paradoxes. Plus l'adolescent ressent l'envie ou le besoin d'être proche de ses parents et plus il va s'en éloigner et sembler les tenir à distance. C'est le prix de son autonomie affective. L'adolescent prendra comme une intrusion insupportable tout désir approfondi de parler avec lui de son attitude et de ses difficultés, si bien qu'il se protège en lançant un « De toute façon tu ne peux pas comprendre ! », très irritant pour le parent qui, évidemment, est convaincu du contraire.

Les préoccupations des adolescents et de leurs parents ne sont pas les mêmes, ce qui induit des malentendus et des tensions dans les échanges. Les parents ont des soucis de parents (la scolarité, l'avenir, le travail…) ; les adolescents ont des questions existentielles (quel est le sens de la vie, à quoi sert d'apprendre pour se retrouver au chômage, comment construit-on un couple…). En pleine crise du milieu de la vie, les parents ne sont pas forcément les mieux placés pour répondre.

Enfin, l'adolescent, c'est certain, préfère désormais parler avec ses copains. C'est d'eux qu'il se sent compris, avec eux qu'il parle des heures au téléphone, auprès d'eux qu'il cherche échanges et réconfort.

Pourtant, même s'il se montre fermé et réticent, l'adolescent a besoin de discuter avec des adultes et de se confronter à eux.

Comment faire pour maintenir la communication ?

L'adolescent vient parler quand il en ressent le besoin et la possibilité, s'il sait par expérience qu'il ne sera ni jugé ni rejeté. L'essentiel pour l'adulte est de patienter et de se montrer disponible lorsqu'un dialogue s'ébauche. On peut aussi créer des conditions plus favorables et aménager des moments tranquilles en tête à tête.

Pour que la conversation s'établisse, il est important que le parent sache écouter sans s'énerver, en relançant les questions plutôt qu'en y répondant trop vite. Il est nécessaire qu'il se montre honnête sur ce qu'il ressent réellement (« Je me sens inquiète quand tu rentres en retard », plutôt que : « Tu aurais quand même pu prévenir ! »).

L'adolescence est une période où les parents peuvent encore éduquer et guider. Il est normal que parents et enfants n'aient pas le même point de vue, que des désaccords et des conflits s'expriment. Discussions et solutions communes peuvent surgir. Assumer sa position de parent, tout en s'interdisant toute ingérence excessive dans la vie de son enfant, vaudra toujours mieux qu'une attitude de « parents copains », artificiellement complices et peu capables d'aider l'enfant à se structurer.

Et si l'adolescent refuse de communiquer ?

Il s'enferme dans sa chambre, il ne répond aux questions que par monosyllabes, il s'enfonce dans une attitude d'opposition… Que faire ? Reconnaître que, dans l'immédiat, le dialogue n'est plus possible. Toute tentative de forcer la communication ne ferait que renforcer le refus. Assumer ce silence est très difficile pour l'entourage. C'est une étape pour l'adolescent, la seule manière, peut-être, qu'il ait à sa disposition pour marquer son individualisation et sa mise à distance affective. L'adulte, lui, peut parler de ce silence et de ce qu'il ressent. Il peut aussi parler de sa vie personnelle qui continue.

Tout ne passe pas par les mots. Restent les actes, les attitudes, tout ce que l'on peut communiquer autrement que par le langage : un bon repas partagé, une séance de cinéma, un sourire affectueux. Quand l'adolescent se renferme, quand la relation va mal, l'adulte a la tâche difficile de continuer à vivre sans se laisser détruire. Et de montrer qu'il aime toujours.

Une grande patience…

L'adolescent, surtout s'il est en difficulté, voudrait être compris à demi-mots, sans avoir à faire l'effort de s'expliquer. En même temps, l'idée qu'on puisse savoir ce qui se passe en lui, le comprendre parfois mieux qu'il ne se comprend lui-même, lui est absolument insupportable. Ses demandes sont floues et contradictoires ; ses réactions, injustes… C'est dire si le rôle du parent est difficile, s'il demande patience et sérénité ! C'est pourquoi il serait même souhaitable, parfois, de laisser la place à un autre adulte de confiance.

Vrai ou faux
Idées reçues sur les enfants

La sucette (tétine) déforme moins les dents que le pouce

Faux. La sucette, autant que le pouce, crée des déformations du palais osseux et des défauts d'occlusion des incisives. Son caractère « physiologique » n'est qu'un argument de vente et relève de la fantaisie. L'utilité de la sucette est néanmoins évidente pour certains enfants dont le besoin de sucer ou de téter est, dans les premiers mois, irrépressible. Or, tous ne savent pas trouver leur pouce ou le garder en bouche. Concluons en disant que la durée d'utilisation de la sucette, chaque jour, est sans doute plus déterminante que la forme de l'objet lui-même…

Les garçons sont plus fragiles que les filles

Vrai. Dès la période périnatale, la mortalité est plus importante chez les enfants de sexe masculin. Puis, les petits garçons seront plus souvent malades que les petites filles. À maladie identique, les garçons sont globalement plus sérieusement atteints. Quant aux troubles du comportement, ils les touchent quatre fois plus que les filles, le bégaiement et les tics huit fois plus. Les causes de ces différences sont probablement multiples et il est impossible d'en tirer des conclusions. Si ce n'est celle-ci : chez les enfants au moins, le sexe fort n'est pas celui que l'on croit !

Il vaut mieux élever un enfant au sein qu'au biberon

Faux. Il est exact que le lait maternel comporte des éléments naturels et protecteurs très précieux pour le bébé. Vrai aussi que la complicité qui se crée entre la maman qui allaite et son bébé est merveilleuse. À condition qu'elle le souhaite et que l'allaitement réjouisse les deux partenaires. Certaines mamans, pour des raisons qui leur appartiennent, n'y tiennent pas. Un biberon donné avec amour vaut mieux qu'un allaitement contraint. Toutes les études ont montré qu'un « bébé-biberon » se développait aussi bien, sur tous les plans, qu'un « bébé-sein ».

Il vaut mieux changer le bébé avant la tétée

Vrai et faux. Avant ou après la tétée : chaque école a ses partisans et ses détracteurs, dont les arguments sont valables et convaincants. Oui, il est plus agréable pour votre enfant de manger les fesses au sec, mais vous risquez, en vertu de certains réflexes physiologiques, de devoir changer à nouveau votre bébé après son repas ! Alors après ? Oui, mais vous prenez le risque de provoquer des régurgitations si vous le secouez un peu, ou de le réveiller s'il commençait à s'endormir, ce qui peut être particulièrement gênant la nuit. Alors à chaque maman, selon le tempérament de son bébé, de trouver sa solution…

Les produits frais sont meilleurs que les petits pots

Faux. Nous allons décevoir les mamans qui croient mieux faire en préparant amoureusement les purées de leur cher petit, mais il faut pourtant le dire : sur le strict plan nutritionnel, les petits pots sont souvent meilleurs. Leur fabrication est très surveillée et réglementée. Ils sont préparés selon des normes sévères, avec des produits très frais, et leur teneur en substances provenant de l'utilisation d'engrais et de pesticides est particulièrement contrôlée. Ce qui n'est pas le cas des fruits et des légumes que l'on achète au marché ou au supermarché, dont l'âge et la teneur en nitrates sont invérifiables…

En doublant la taille d'un enfant de deux ans, on obtient sa taille adulte

Faux. Selon les courbes, il ressort que les garçons ont atteint la moitié de leur taille adulte à 25 mois et les filles à 16 mois. Mais ces chiffres ne sont que des estimations. Ce qui détermine la croissance en taille d'un enfant, c'est avant tout la pente de la courbe, or celle-ci peut évoluer progressivement d'un semestre à l'autre. Toutes les pseudo-prévisions que l'on peut faire achoppent sur d'autres facteurs plus déterminants comme la taille des parents, l'âge de la puberté, ou tout simplement l'évolution des générations.

Un bébé doit dormir sur le ventre

Faux. Même si c'est ce qui a été dit pendant des décennies. On recommandait de coucher l'enfant sur le ventre pour éviter qu'il ne soit gêné par d'éventuels reflux. Mais des études récentes ont montré que le risque de mort subite du nouveau-né était moindre si l'enfant dormait sur le dos. C'est suffisamment important pour que l'on n'hésite plus à coucher les petits bébés sur le dos, comme le font déjà toutes les crèches et comme le recommandent les pédiatres. Depuis que cette nouvelle habitude a été prise par les mamans, le nombre de décès a effectivement reculé.

Les filles sont propres plus tôt que les garçons

Vrai. Les garçons et les filles ont la même maturité du système nerveux qui autorise théoriquement, autour de deux ans, deux ans et demi, le contrôle sphinctérien, donc à demander et à faire pipi dans le pot, au moins de jour. Mais bien d'autres phénomènes, notamment psychologiques, entrent en jeu dans l'acquisition de la propreté. L'importance que l'enfant accorde au fait d'être propre, le type d'attachement qui le lie à sa mère, son niveau de développement dans le domaine du langage ou de l'aisance corporelle sont autant de domaines où petits garçons et petites filles évoluent différemment et ils ont une incidence sur le moment tant attendu où l'on peut enfin enlever les couches.

Un petit enfant ne se fait pas d'amis avant trois ans

Faux. Un bébé peut se faire des amis très tôt, pourvu qu'il en ait l'occasion. Ce sentiment amical peut même se révéler exclusif et durable si les enfants ne se perdent pas de vue. Aimer d'amitié demande la capacité à reconnaître quelqu'un et à fidéliser l'amour qu'on lui porte, ce que sait faire l'enfant dès l'âge de un ou deux ans. Ces amitiés précieuses sont à reconnaître et à respecter. Même si elles ne sont pas de tout repos : il faudra encore quelque temps avant que l'enfant sache partager un jeu et en respecter les règles.

Pour les bébés, il faut des couleurs douces

Faux. Cette idée a prévalu pendant des décennies : le bon goût interdisait que la layette, les draps ou les murs de la chambre du bébé fussent autres que roses ou bleu pâle. Mais les petits enfants sont d'un autre avis. Les bébés aiment les contrastes et les couleurs vives, qui attirent leur attention et éveillent leur curiosité. Inutile pour autant de repeindre la chambre en rouge. Un pyjama vert pomme, un petit coussin à damiers noirs et blancs et un grand poster du Roi Lion feront tout aussi bien l'affaire.

Un enfant ne doit pas dormir dans la chambre de ses parents

Vrai et faux. Tant qu'il est tout bébé, les parents peuvent se sentir rassurés, et l'enfant aussi, de dormir ensemble dans la même pièce. Dans toutes les traditions, depuis toujours, le nouveau-né dort auprès du corps maternel. Mais vient un moment, vers trois mois, où le bébé, faisant ses nuits, devient plus indépendant. Les parents aspirent à retrouver une vie de couple. C'est le moment d'installer bébé dans sa propre chambre et qu'il apprenne à y dormir seul.

Il faut contraindre un gaucher à utiliser sa main droite

Faux. Il n'y a pas de bonne et de mauvaise main, et il serait néfaste de forcer un enfant, gaucher homogène, à écrire de la main droite. La plupart des enfants sont ambidextres et se servent indifféremment des deux mains jusque vers cinq ans. Il est alors possible, tout en laissant l'enfant se servir des deux mains pour toutes les activités, de l'inciter à utiliser la droite pour l'écriture. Mais inciter n'est pas forcer et la gaucherie, souvent héréditaire, n'est pas un problème.

Il ne faut pas offrir de poupée aux petits garçons

Faux. Si votre fils réclame un baigneur ou une poupée (il en existe de sexe masculin), pourquoi ne pas les lui offrir ? Peut-être désire-t-il faire comme papa, qui change son petit frère, ou envie-t-il les filles qui semblent si bien s'amuser avec leur poupée, ou rêve-t-il d'un compagnon pour s'inventer des jeux… Pas d'inquiétude : sa virilité à venir n'est nullement mise en danger par un jeu de poupée, pas plus qu'elle n'est renforcée par une panoplie de Rambo !

Les filles sont plus faciles à élever que les garçons

Faux. Ce discours est celui des mères de garçons qui sont épuisées de les entendre faire la bagarre ou jouer les casse-cou. Elles trouvent les petites filles moins bruyantes, plus sages. Mais cette vision est approximative et dépassée. Les filles d'aujourd'hui ne sont pas en retard pour se dépenser physiquement. Même qualifiées de plus sérieuses, elles affirment leur personnalité. Si leurs difficultés sont souvent plus discrètes, elles n'en sont pas moins importantes pour autant.

Une bonne fessée vaut mieux qu'un long discours

Faux, au moins pour la théorie. Une éducation ferme et tendre, assise sur une autorité tranquille, devrait pouvoir se passer de ce geste, qui ne signe finalement que l'impuissance de l'adulte à mettre un terme à une crise ou à se faire obéir. La fessée soulage l'adulte et calme parfois l'enfant, mais elle n'est pas éducative, elle ne sert pas d'exemple. Une fessée est toujours un échec. Échec de la patience, de l'éducation, de l'obéissance. Mieux vaut apprendre à l'enfant à contrôler ses émotions et ses pulsions que lui montrer le spectacle d'un adulte emporté. (La prochaine fois que la main vous démange, allez donc respirer un peu à la fenêtre…)

Il faut mordre les enfants qui mordent

Faux. On ne mord pas un enfant. Un enfant s'éduque par l'exemple. Montrez-lui que la bouche sert à faire des baisers ou à croquer dans des pommes, non à mordre les copains. Dites-lui que seuls les animaux mordent, pas les humains. Mais, surtout, ne reproduisez pas envers lui le comportement que vous souhaitez lui faire abandonner…

Il ne faut pas mettre les enfants à l'école avant trois ans

Faux. Impossible d'être aussi rigoureux. La maturité de l'enfant, son niveau de langage et son autonomie comptent bien davantage que son âge réel. Certains enfants sont prêts à deux ans et demi quand d'autres ne le seront qu'un an plus tard. Compte aussi l'accueil que cette maternelle réserve aux tout-petits. Et puis, on n'a pas toujours le choix…

Il faut tout dire à un enfant, même bébé

Vrai et faux. Il faut parler à son bébé, qui reconnaît la voix de sa mère, puis de son père, très tôt après sa naissance. Lui parler, c'est l'humaniser et l'introduire d'emblée dans le langage et la communication. Il faut lui parler bébé, lui dire des mots doux, gazouiller en écho avec lui, écouter les tentatives qu'il fait pour répondre. Il faut lui parler de ce qui le concerne, de sa vie de tous les jours, de son histoire, de ceux qui l'entourent. Mais « tout » lui dire ? C'est un peu excessif : vous avez le temps. Le baigner dans le langage, oui ; l'y noyer, non !

Un petit enfant a plus besoin de sa mère que de son père
Faux. Par son vécu physiologique, la mère vit les premiers mois de son bébé dans une intimité totale. Le bébé a bien sûr un besoin vital de sa mère (ou de son substitut). Le rôle spécifique et fondateur du père n'est pas moindre : il est différent. Face à la dyade mère-bébé, il rappelle chacun à sa vraie place et apporte une dimension d'éveil affectif et d'ouverture sur le monde. Présent, il crée d'emblée de précieux rapports de proximité et de confiance avec son enfant.

La naissance d'un second rend jaloux l'aîné
Vrai. Même si l'aîné a souhaité vivement cette naissance, il est toujours déçu par ce nouveau-né qui pleure et mobilise toute l'attention. Cette jalousie banale, qui parfois survient plus tardivement, lorsque le puîné devient un vrai rival, est aussi formatrice. Il est sain que l'aîné exprime ses sentiments et parle de sa détresse. Des parents compréhensifs auront à cœur de lui montrer de l'attention et un surcroît d'affection, afin que cette épreuve soit d'abord une joie et l'occasion de devenir un grand.

Les pistolets rendent les enfants agressifs
Faux. De tous temps, les enfants qui n'avaient pas de jouets guerriers se sont fabriqué des épées ou des fusils avec des morceaux de bois ou des Lego. Ces jeux ne rendent pas agressif, mais permettent au contraire aux enfants de « jouer » leur agressivité sur le plan symbolique, plutôt que sur le plan de la réalité. L'enfant défoule, en faisant semblant, la violence qu'il a en lui. Mais nul besoin pour cela d'aller lui

acheter le mieux imité des fusils-mitrailleurs ou des pistolets automatiques…

Il est courant qu'un petit enfant ait un(e) amoureux(se)

Vrai. Les amitiés entre enfants des classes primaires, voire maternelles, peuvent être intenses et prendre la forme d'une petite histoire d'amour, sans que ces mots recouvrent bien sûr le sens qu'ils auront plus tard. Le rôle des adultes n'est ni de se moquer ou de ridiculiser, ni de figer cette relation en la prenant trop au sérieux. Ces relations appartiennent en propre à nos enfants et elles font partie de leur apprentissage social.

Le dernier d'une famille est le plus gâté

Vrai et faux. Dans les grandes familles, le petit dernier a souvent une place privilégiée : il est gâté par ses aînés et ses parents, plus âgés, sont souvent moins exigeants. Même si les parents ont à cœur d'être justes avec chacun de leurs enfants, toute place dans la fratrie a ses avantages et ses inconvénients. Mais dans les familles restreintes d'aujourd'hui, le phénomène du petit dernier super-gâté est en voie de raréfaction.

Un enfant unique est égoïste

Faux. Un enfant unique n'apprend pas, comme ceux qui sont dans une fratrie, à partager au quotidien ses jouets, sa chambre et, plus douloureux et formateur, les câlins et les attentions de sa maman. Mais il deviendra un jeune ouvert et généreux si ses parents, conscients du risque, ont à cœur de ne pas le placer au centre du monde, l'entourent fréquemment d'autres enfants et savent emplir la maison de rires et de vie. L'intelligence sociale – négocier, s'affirmer, comprendre l'autre – est à ce prix.

Il faut parler de sexualité, même aux tout-petits

Vrai. Le développement de la sexualité au sens large commence dès la naissance. Le petit enfant a des questions sur la différence des sexes et la naissance des bébés, auxquelles il est bon de répondre avec des mots simples et précis. Mais l'information doit s'adapter à l'âge et à la curiosité de l'enfant, et non les devancer. Les détails ne viendront qu'avec le temps, lorsque l'enfant les sollicitera. L'essentiel est qu'il sente le dialogue possible et ses parents ouverts à ce type de discussion.

Il faut contraindre les jeunes à lire

Faux. Et généralement impossible. La lecture-devoir, c'est le travail du professeur de français. La tâche des parents, c'est plutôt de tenter de donner aux enfants le goût de la lecture. Leur faire partager leurs joies et leurs découvertes littéraires, leur lire des extraits. On peut aider les enfants à trouver ce qu'ils aimeraient lire : peut-être des essais, ou des bandes dessinées, ou des revues spécialisées. L'essentiel est avant tout qu'ils y trouvent du plaisir : le reste suivra.

Il faut surveiller le travail scolaire le soir

Vrai et faux. Tout dépend de l'âge de l'enfant, de son autonomie et de sa motivation. Le but est que l'enfant, le plus tôt possible, prenne à son compte son travail scolaire, s'en sente responsable, et le gère seul. Certains y parviennent vite. D'autres, plus en difficulté ou moins motivés, ont besoin, jusqu'au début de l'adolescence, que l'adulte soit là pour vérifier, réexpliquer, faire réciter et donner une méthode de travail. En fait, on ne surveille que si et lorsque c'est nécessaire.

Pour être efficaces, les punitions doivent être rares

Vrai. Rares, justifiées, logiques, et prévisibles. L'adolescent savait à quoi s'en tenir. Il était dit que, s'il ne rentrait pas à l'heure prévue, il ne sortirait plus de la semaine. Inutile d'épiloguer. Les punitions doivent être justes et raisonnables, de façon à pouvoir être appliquées effectivement et à ne pas susciter une révolte excessive. On punit, sans crier ni s'excuser, lorsqu'on estime que c'est vraiment nécessaire et qu'une limite inacceptable a été franchie.

Il faut obliger les jeunes à raconter leur journée

Faux. Les jeunes ont leur vie, leurs copains, leurs histoires, dont ils n'ont pas toujours envie, loin de là, de nous faire part. Les interroger, en leur donnant l'impression que l'on empiète sur leur jardin secret, est le meilleur moyen de les bloquer. En revanche, une ambiance familiale sympathique, des adultes disponibles pour discuter, cela peut susciter l'émergence spontanée de confidences, de discussions, ou simplement la narration des petites anecdotes du quotidien.

Il faut forcer ses enfants à faire du sport

Faux. Beaucoup adorent cela et n'ont pas besoin d'être forcés. Pour les autres, ceux qui ne trouvent pas de plaisir dans les activités physiques, les trois heures scolaires leur suffisent. Le temps extra-scolaire est un temps de loisir qui leur appartient. À eux de décider si, au foot ou à la piscine, ils préfèrent le dessin, la guitare ou l'informatique. N'oubliez pas que les parents, là aussi, sont souvent un exemple.

Il faut imposer aux ados une heure de retour après le collège

Vrai. Pendant les années de collège, les parents ont encore besoin de savoir où sont leurs enfants à toute heure du jour. Il n'est pas du tout abusif de demander aux jeunes de rentrer à une heure donnée. Bien sûr, les exceptions existent, la confiance et la souplesse aussi. Aux jeunes d'expliquer leurs déplacements occasionnels et de demander l'autorisation, ou au moins d'informer, lors d'un changement de programme. Il existe aujourd'hui assez de moyens pour communiquer…

Il faut surveiller les fréquentations de ses enfants

Vrai. Avoir à l'œil, s'informer, mais n'intervenir que si c'est indispensable. La loi impose aux parents un devoir de surveillance morale de leurs enfants, incluant un droit de regard sur leurs fréquentations. Néanmoins, s'il est pertinent de souhaiter rencontrer les copains de ses enfants, il faut toujours se montrer très prudent dans les remarques que l'on fait sur eux. Plutôt que d'interdire, ce qui braque l'enfant, mieux vaut l'amener, avec délicatesse, à faire preuve par lui-même de discernement.

Il faut forcer un enfant à manger de tout, même s'il n'aime pas

Faux. C'est un combat perdu d'avance. Comment faire manger de force un enfant qui serre les dents ou recrache ? Mieux vaut, dans ce domaine sensible, faire preuve de souplesse et d'habileté. Le but de l'éducation alimentaire est bien que l'enfant apprécie des plats différents et mange de tout. Mais, pour y parvenir, l'exemple, la patience et l'incitation à goûter réussiront toujours mieux que la force. Ne lui préparer que ce qu'il aime ou compenser son refus par une assiette de pâtes n'est pas non plus la solution…

Les hamburgers rendent les enfants obèses

Vrai et faux. Toute cette nourriture « made in USA », à base de hamburgers, de frites, de glaces, de sodas et de cookies, est hautement calorique. Mais elle ne rend obèses que les enfants qui la consomment avec excès. Pas ceux pour qui elle reste l'exception et le petit plaisir que l'on s'offre, en famille ou en bande, une fois de temps en temps.

Il faut donner de l'argent de poche aux enfants

Vrai. L'attitude éducative consiste à donner à l'enfant, dès l'âge de raison, une petite somme d'argent, d'abord à la semaine, puis au mois. L'enfant en dispose librement (se tromper est aussi une façon d'apprendre !). La somme allouée est fonction de l'âge de l'enfant, de ce qu'il doit en faire, et de ce qu'ont ses copains. Trop importante, elle le leurre sur la valeur de l'argent ; trop faible, elle ne favorise pas l'autonomie. Rémunérer les notes et les services est possible, mais cela vient alors en plus.

Il faut limiter le temps passé devant la télé

Vrai. Les enfants sont très pris par l'école, les devoirs, les activités extra-scolaires, etc. Il leur reste peu de temps de loisir. Celui qu'ils passent devant la télé est pris sur le temps d'échange, de jeu, de lecture ou de sommeil. La télé fait partie de la vie de nos enfants, mais pas question qu'elle soit toute leur vie. Le réel se joue ailleurs, là où l'on communique et partage avec ses amis ou avec ses parents, là où l'on est actif, acteur, et non spectateur étalé sur un canapé.

La violence à la télé rend les enfants agressifs

Vrai et faux. Les études sont contradictoires parce que difficiles à mener. Elles ne montrent pas un lien direct entre la violence regardée et la violence vécue, car bien d'autres causes interviennent dans l'agressivité. Mais il est clair que le spectacle de la violence, vraie ou non, banalise la violence. Elle devient une chose normale, à laquelle on peut s'adonner, ou en être témoin sans réagir. Pour les plus jeunes, la violence à la télé peut aussi être source de frayeurs et de cauchemars.

Il faut choisir les programmes télé pour ses enfants

Vrai et faux. Tant que les enfants sont petits, les parents ont la maîtrise de la télécommande et peuvent décider. À cet âge, on se contente souvent de dessins animés. Les choses se compliquent avec les années. On peut alors regarder ensemble le programme de la semaine et choisir *avec* l'enfant et non *pour* lui, discuter de ses désirs, expliquer nos refus, négocier. Le dialogue est essentiel. Tout en sachant qu'il tombera forcément, un jour de solitude, sur des images qu'on aurait refusées…

Il faut frapper avant d'entrer dans la chambre d'un enfant

Vrai. Sa chambre, pour l'enfant, c'est son domaine, son jardin secret, une seconde peau qui le protège et le structure à l'abri des regards et des intrusions importunes. Il ressent vivement tout manquement à cette règle qu'il affiche généralement en rouge sur sa porte. Frapper avant d'entrer dans sa chambre, et, pour l'ado, ne pas y entrer en son absence, c'est lui montrer notre respect, mais c'est également l'occasion de lui demander un respect équivalent pour « l'espace privé » des autres.

Il faut que les ados participent aux tâches ménagères

Vrai. Les ados revendiquent d'être chez eux, chez nous : ils amènent les copains, font hurler leur chaîne, piquent dans le frigo et laissent traîner leurs affaires. Alors ils sont aussi chez eux quand il s'agit de passer l'aspirateur, d'aller remplir le frigo, d'aider aux repas ou à la lessive. Une famille, c'est une communauté de vie où chacun participe. C'est d'ailleurs un service à leur rendre : loin de nous, devenus autonomes, ils sauront prendre en charge les détails de leur vie quotidienne.

Il faut interdire aux ados de sortir le soir avant 16 ans

Faux. Les règles de ce genre sont faites pour être transgressées. Tout dépend de la soirée, chez qui elle se déroule, de l'heure où elle doit se terminer. Tout dépend de l'ado et de la confiance que vous avez en lui. Les autorisations de sortie pour les jeunes ados, ce ne peut être que du coup par coup, après examen attentif du cas…

Il faut laisser les jeunes s'habiller comme ils veulent

Vrai. Les ados ont besoin de ressembler à ceux de leur bande, qui ont des références vestimentaires précises. Ils ont besoin de se démarquer, de s'affirmer, et la provocation vestimentaire n'est pas la plus grave. À moins d'excès choquants, dont on peut toujours discuter, il vaut mieux donner son avis, puis laisser filer plutôt que de créer des conflits inutiles. Le plus souvent, en allant faire les courses ensemble, on peut échanger sur ses goûts respectifs, négocier et trouver un terrain d'entente.

Les parents ne doivent pas lire le journal ou le courrier de l'ado

Vrai. Certains jeunes ne se confient pas à leurs parents, mais semblent traverser des difficultés importantes. Ou vivre une relation qui inquiète les proches. Il peut être tentant alors pour les parents d'essayer d'en savoir plus en lisant des textes « privés » et intimes. Ce serait trahir la confiance du jeune. Mieux vaudra toujours renouer un dialogue et trouver l'attitude qui l'amènera à communiquer sur ce qu'il vit.

C'est aux parents d'acheter les préservatifs de leurs enfants

Faux. Le rôle des parents est d'informer sur l'amour, la sexualité, les problèmes, les risques, puis d'offrir au jeune le moyen de se prendre en charge. La vie sentimentale et sexuelle d'un jeune adulte lui appartient : il doit pouvoir s'assumer. Il n'a rien à en confier s'il ne le souhaite pas et les parents n'ont pas à s'en mêler, sauf si le jeune sollicite une aide ou un conseil. Ce qui n'empêche pas de laisser une boîte de préservatifs en dépannage dans le tiroir de la salle de bain…

Au même âge, les filles sont plus mûres que les garçons

Vrai, en général. Difficile d'en faire une loi. Pourtant, il est courant de remarquer que les filles sont plus vite raisonnables et responsables que les garçons. On voit apparaître cela vers l'âge de raison, quand les filles peuvent davantage se voir confier de petites responsabilités, mais aussi à l'adolescence, où les écarts dans les classes sont souvent flagrants.

Il faut prendre au sérieux les chagrins d'amour des ados

Vrai. Le jeune âge des amoureux ne veut pas dire que leurs sentiments sont moindres. Voyez Roméo et Juliette... Les ados sont très entiers et se donnent totalement dans une relation amoureuse, avec l'élan et la fraîcheur de la découverte. Les premiers chagrins sont d'autant plus violents, même si, heureusement, ils ne durent généralement pas : la vie reprend ses droits. L'attitude des parents se doit d'être respectueuse, discrète et rassurante.

Tous les jeunes ont une crise d'adolescence

Vrai. L'adolescence est en soi une période de crise, un temps de profonde transformation physique et psychique. L'ado vit un bouleversement émotionnel qui ne trouve pas de mots pour se dire. Cela ne se fait pas sans troubles, sans tensions, ni sans douleur. Pour devenir adulte, se construire, le jeune a besoin de se confronter aux adultes et, de manière préférentielle, à ses parents. La crise est donc normale, mais son intensité et sa durée sont très variables selon les jeunes.

Les ados aiment la provocation

Vrai, souvent. Perdus entre l'enfance et l'âge adulte, les ados se cherchent et nous interrogent, de préférence avec des actes. Ils éprouvent le besoin de se démarquer des autres et d'adopter des signes extérieurs et des comportements propres à leur groupe, lequel joue un rôle constructif et protecteur. La provocation est un langage et l'une des facettes qui trahit les enjeux multiples et décisifs de cette période. Aux adultes d'entendre la dimension d'appel qu'elle peut comporter.

Les filles s'intéressent à l'amour davantage (et plus tôt) que les garçons

Vrai, en apparence. Dès les débuts de l'adolescence, les filles tombent amoureuses. Il s'agit de préférence d'un homme inaccessible, chanteur, enseignant ou comédien. Elles rêvent et échangent des photos entre copines. Mais les garçons, quoiqu'ils s'en défendent, ne sont pas en reste longtemps. Une forte pudeur, ainsi que la connotation sexuelle plus grande de leurs épanchements, les retient d'exprimer simplement leurs élans. Puis un jour, les sentiments amoureux se rejoignent…

À l'adolescence, les jeunes s'éloignent de leurs parents

Vrai. Pour l'enfant, les parents sont tout. À l'adolescence, le jeune doit se dégager de ce lien si fort, et réactualiser l'image qu'il a de ses parents. L'existence d'un corps sexualisé rend soudain la proximité familiale difficile à assumer et impose d'établir et de gérer une nouvelle distance. C'est une autonomie progressive que les parents doivent comprendre et favoriser, car le jeune ressent parfois une insécurité intérieure. Les conflits sont normaux et souvent formateurs. À la fin de l'adolescence, d'autres liens, durables mais différents, se seront dessinés.

INDEX